나는 멋진 로봇친구가 좋다

고즈윈은 좋은책을 읽는 독자를 섬깁니다.
당신을 닮은 좋은책—고즈윈

개정증보판
나는 멋진 로봇친구가 좋다
이인식 지음

개정증보판 1쇄 발행 | 2009년 4월 20일
개정증보판 13쇄 발행 | 2021년 8월 30일

저작권자 ⓒ 2009 이인식
이 책의 저작권자는 위와 같습니다. 저작권자의 동의 없이
내용의 일부를 인용하거나 발췌하는 것을 금합니다.
Copyrights ⓒ 2009 by Lee In-Sik
All rights reserved including the rights of reproduction
in whole or in part in any form. Printed in KOREA.
이 책은 '랜덤하우스중앙'에서 2005년 3월 31일 초판 1쇄 발행한
"나는 멋진 로봇친구가 좋다"를 새로 펴낸 것입니다.
표지 본문 일러스트 : 최승협

발행처 | 고즈윈
발행인 | 고세규
신고번호 | 제313-2004-00095호
신고일자 | 2004. 4. 21.
(121-819) 서울특별시 마포구 동교로13길 34(서교동 474-13)
전화 02)325-5676 팩시밀리 02)333-5980
www.godswin.com

값은 표지에 있습니다.
ISBN 978-89-92975-23-0
      978-89-92975-22-3 (세트)

고즈윈은 항상 책을 읽는 독자의 기쁨을 생각합니다.
고즈윈은 좋은책이 독자에게 행복을 전한다고 믿습니다.

이인식 선생님의 주니어 교양 시리즈 02

나는 멋진 로봇친구가 좋다

개정증보판

이인식 지음

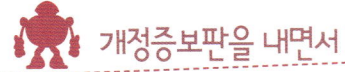 개정증보판을 내면서

　이 책은 랜덤하우스중앙에서 출간되었으나 계약 기간이 만료되어 고즈윈과 함께 개정증보판을 내게 되었습니다.
　2005년 3월 출간된 이 책은 나에게 적지 않은 행운을 안겨 주었습니다. 무엇보다 한국공학한림원과 지식경제부의 지원으로 학습만화(전 4권)로 만들어져서 얼마나 흐뭇했는지 모릅니다. 게다가 이 만화가 태국 등으로 수출되기도 해서 보람을 느꼈습니다.
　또 한 가지 행운은 이처럼 개정증보판을 펴내는 기회가 찾아온 것입니다. 초판 발행 이후 4년 동안 로봇 공학자들이 성취한 빛나는 업적을 청소년 여러분에게 알릴 수 있게 되어 다행스럽게 생각합니다. 특히 2006년 1월 서울대 조선해양공학과에서 개발된 물고기 로봇과 2008년 10월 한양대 기계공학과가 선보인 입는 로봇을 새로 소개했음을 밝혀 두고 싶습니다.

이 책은 고즈윈이 의욕적으로 시작한 '주니어 교양 시리즈'에서 〈미래과학의 세계로 떠나보자〉에 이어 두 번째로 펴내는 것입니다. 탁월한 편집 솜씨와 남다른 열정으로 멋진 개정증보판을 만들어 준 고즈윈의 고세규 대표에게 감사의 뜻을 전하고 싶습니다.

2009년 4월 8일

이인식

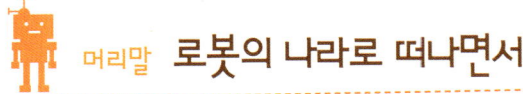
머리말 로봇의 나라로 떠나면서

　로봇이 우리의 일상생활 속으로 들어오기 시작했다. 1가구 1로봇 시대가 머지않은 것 같다.

　국어사전을 보면 로봇은 ① 전기와 자기를 이용한 복잡 정교한 기계 작용에 의해 손발 등 신체가 규칙적으로 움직이며 일정한 소리도 낼 수 있는 자동인형 ② 남의 조종으로 움직이거나 실력 없이 어떤 지위에 앉아만 있는 자, 허수아비라고 풀이되어 있다. 한편 영어 사전에서 로봇은 ① 사람과 비슷하게 생기고, 사람처럼 걷거나 말할 수 있는 기계 ② 자동 제어에 의해 움직이는 장치라고 정의되어 있다. 요컨대 로봇은 인조인간과 자동장치에 대한 인류의 오랜 꿈이 담겨 있는 낱말이라 할 수 있다.

　로봇 공학 전문가들은 로봇을 "컴퓨터에 의하여 동작하는 장치" 또는 "센서를 통해 인식한 정보를 컴퓨터로 제어하고, 다수의 액튜

에이터를 이용하여 동작하는 기기나 장치"라고 정의한다.

로봇은 고대 신화와 전설뿐만 아니라 소설, 영화 또는 만화 속에 끊임없이 등장한다. 인조인간이나 자동인형만큼 인류의 상상력과 호기심을 자극하는 존재는 흔치 않기 때문이다.

독자 여러분은 이 책의 제1장에서 이러한 상상 속의 로봇을 만나게 될 것이다. 이러한 앤티크(골동) 로봇을 눈으로 직접 확인하고 싶은 독자들에게는 서울의 대학로 뒷골목에 자리한 로봇 박물관에 한번 들러 볼 것을 권유하고 싶다.

기계 하인을 부리고 싶어 했던 인류의 오랜 욕망은 20세기 후반에 출현한 산업 로봇에 의해 실현된다. 현대 로봇이 발전해 온 과정은 제2장에 소개되어 있다. 멀리서 조종하는 원격 로봇, 스스로 이동하는 로봇, 사람처럼 생긴 휴머노이드 로봇, 생물을 모방한 로봇 등의 대표작들을 한자리에 모아 놓은 셈이다. 특히 우리나라 로봇 공학 전문가들이 개발한 휴머노이드 로봇들을 한꺼번에 소개할 수 있게 되어 여간 기쁜 게 아니다.

이러한 현대 로봇들의 활약상은 제3장에 간추려 놓았다. 사람 대신에 우주를 탐사하고 우주 기지를 건설하는 로봇, 바다 밑에서 활동하는 수중 로봇, 사람과 더불어 지내면서 사람을 도와주거나 즐거움을 안겨 주는 개인용 로봇, 의사의 수술에 활용되거나 장애인의 재활을 돕는 로봇 등 로봇의 활동 무대는 갈수록 확산되는 추세이다. 로봇은 이처럼 사람에게 도움을 주지만 사람을 해치는 병기로도 이용된다는 사실을 결코 간과해서는 안 될 줄로 안다.

로봇 공학 전문가들은 21세기 후반에 인류보다 훨씬 영리한 로봇, 곧 로보 사피엔스가 출현할 것이라고 전망한다. 따라서 일부

학자들은 인류가 지구의 주인 자리를 로봇에게 빼앗기고 필요 없는 존재가 될지 모른다는 우려를 하고 있다. 심지어 사람이 로봇의 노예가 될 것이라고 예상하는 학자도 있다. 어쨌거나 사람과 로봇이 뒤엉켜 살 수밖에 없는 미래 사회의 모습이 궁금한 청소년들에게는 제4장이 도움이 될 것임에 틀림없다.

  이 책이 로봇의 나라로 여행을 떠나는 젊은이들에게 유익한 길라잡이가 될 수 있다면 글쓴이로서는 더 이상 바랄 게 없다.

2005년 2월 12일

이인식

차례

개정증보판을 내면서 4
머리말 : 로봇의 나라로 떠나면서 6

1 상상하면 눈앞에 나타난다_상상 속의 로봇

01 인간은 신이 만든 로봇이다 • 신화와 전설 속의 로봇   14
02 인조인간이 인간을 해친다 • 문학 세계의 인조인간   24
03 로봇은 사람이 되고 싶어 한다 • 영화 속의 로봇과 안드로이드   32
04 마음껏 세상을 누비는 꿈을 꾼다 • 만화 속의 로봇   40
05 사람들은 늘 스스로 움직이는 기계를 만들었다 • 역사 속의 자동장치   50

2 꿈은 현실이다_현대의 로봇

01 지루하고 더럽고 힘든 일을 맡긴다 • 산업용 로봇   64
02 멀리서 마음대로 조종한다 • 원격 로봇   74
03 스스로 돌아다니게 하고 싶다 • 이동 로봇   82
04 사람을 닮은 기계를 만든다 • 휴머노이드 로봇   92
05 생물의 행동을 모방해 보자 • 동물 로봇   110

3 로봇의 활약은 눈부시다 _로봇의 쓰임새

- 01 우주 탐색을 위해 첨병으로 나서다 • 우주 로봇 126
- 02 지구가 숨겨 둔 최후의 보물을 찾아라 • 수중 로봇 136
- 03 친구처럼 함께 지낸다 • 개인용 로봇 146
- 04 완벽한 외과 의사로 환생하다 • 의료 복지 로봇 156
- 05 전쟁터에 사람 대신 나간다 • 군사용 로봇 166

4 로봇과 함께 미래를 그린다 _미래의 로봇

- 01 생각하는 먼지가 된다 • 마이크로 로봇 180
- 02 바이러스는 네게 맡긴다 • 나노 로봇 190
- 03 이제 지구는 우리가 접수한다 • 로보 사피엔스 200
- 04 로봇이 눈물을 흘린다 • 정서 로봇 208
- 05 사람과 로봇의 관계가 궁금하다 • 포스트 휴먼 216

더 읽어 볼 만한 책 224
찾아보기: 인명 225
찾아보기: 용어 226
찾아보기: 로봇 228
지은이의 주요 저술 활동 231

1부 상상 속의 로봇

상상하면 눈앞에 나타난다

01 신화와 전설 속의 로봇
인간은 신이 만든 로봇이다

중국, 메소포타미아, 그리스의 신화에는 신들이 사람을 만드는 이야기가 나온다. 신화에서 인간은 신들이 만든 로봇이다.

중국 창세 신화의 위대한 여신인 여와는 황토를 물과 섞은 다음 작게 떼어 내 인형과 같은 모양을 만들었다. 이것들은 땅에 내려놓자마자 꽥꽥 소리치며 즐겁게 뛰놀았다. 인간이 창조된 것이다.

그러나 대지가 너무 넓어 인간을 아무리 많이 만들어 내도 채워지지 않았다. 여와는 또 다른 방법을 궁리해 인간을 만들어 내기 시작했다. 긴 새끼줄을 흙탕물 속에 넣었다가 땅 위로 한바탕 휘두르면 진흙물이 방울방울 떨어져 인간으로 변했다. 새끼줄을 휘두를 때마다 수많은 사람이 한꺼번에 생겨나는 능률적인 방법이었으므로 대지는 순식간에 인간으로 가득 찼다.

하지만 사람은 죽게 마련이므로 여와는 새끼줄을 계속 휘두르지 않

중국 신화에 나오는 여와와 복희. 여신인 여와가 인간을 창조한다.

으면 안 되었다. 그래서 여와는 인간을 남자와 여자로 분류해 주고 그들 스스로 자손을 만들 수 있도록 했다.

　메소포타미아의 창조 신화 역시 진흙으로 사람을 만들었다는 이야기가 나온다. 신들은 생활을 위해 힘든 노동을 하는 것이 싫었다. 특히 운하를 건설하는 작업은 뼈가 휘어질 듯 힘든 일이었다. 결국 신들의 노동을 대신해 줄 존재로 인간을 창조하였다. 신의 로봇으로 인간이 만들어진 셈이다.

　그리스 신화에서 프로메테우스는 흙을 물과 반죽하여 신의 형상을

프로메테우스(바뷔렌의 그림)

본떠 인간을 만들었다. 그는 사람에게 다른 동물과 달리 얼굴을 하늘로 향하고 똑바로 서서 걷는 능력을 주었다. 또한 그는 하늘로 올라가서 불을 훔쳐내 인간에게 갖다 주었다. 이 선물 덕분에 인간은 여느 동물보다 뛰어난 능력을 갖게 되었다. 이 불을 갖고 인간은 다른 동물을 정복할 무기와 토지를 경작할 도구를 만들 수 있게 되었기 때문이다. 그러나 프로메테우스는 불을 훔친 대가로 엄청난 벌을 받았다. 영원히 쇠사슬로 바위에 묶이게 된 것이다. 낮에는 독수리들이 그의 간을 쪼아 먹는데 밤이 되면 간이 새롭게 살아나 날마다 독수리에 쪼이는 고통을 겪지 않으면 안 되었다.

그리스 신화에서는 놋쇠나 상아로 만든 인조인간이 등장한다.

유명한 거인인 탈로스는 놋쇠로 만들어졌다. 크레타 섬을 지키는 파수병으로 하루에 세 차례 섬을 순찰하면서 배가 접근하면 커다란 바위를 들어 올려 배를 깨부수었다. 탈로스는 온몸이 청동으로 되어 있기 때문에 뜨겁게 달아오른 몸뚱이로 사람들을 껴안아 죽였다. 탈로스에게 유일하게 상처를 입힐 수 있는 부위는 발뒤꿈치의 혈관이었다. 그 부분은 놋쇠 대신에 얇은 막으로 덮여 있었기 때문이다. 그래서 발뒤꿈치로 뾰족한 바위를 밟은 탈로스는 얇은 막이 찢어지면서 몸을 구성하고 있던 납이 모두 밖으로 흘러나와 순식간에 허물어져 죽었다는 이야기가 전해 내려온다.

상아로 만든 인조인간은 천재 조각가인 피그말리온이 만든 갈라티아라는 아름다운 처녀이다. 본래 여자를 혐오하여 결혼을 포기한 채 독신으로 지내온 피그말리온이었지만 생명이 없는 자신의 작품을 짝사랑하게 되었다. 사랑의 여신 아프로디테가 그의 간절한 기도를 듣고 갈라티아에게 생명을 불어넣어 준 덕분에 피그말리온은 사랑을 이루게 된다.

중국의 전설에도 인조인간 이야기가 나온

▬ 탈로스가 새겨진 은화(위)와 갈라티아를 사랑한 피그말리온(슈투크의 그림)

다. 기원전 3세기경의 『열자』에 다음과 같은 내용이 소개되어 있다.

언사가 만든 가짜 인간(작가 미상)

주나라의 목왕은 노는 것을 좋아해서 곳곳을 돌아다니는 것을 즐겼다. 그는 백성을 돌보지 않고 여덟 필의 준마가 이끄는 수레를 타고서 천하를 주유했다. 그는 돌아오는 길에 중국에 당도하기 전에 언사라는 손재주가 무척 뛰어난 사람을 만났다. 그는 왕이 분부하는 것이면 무엇이든 만들 수 있다고 말했다. 이튿날 언사는 이상한 복장을 한 사람을 데리고 나타났다. 왕이 누구냐고 묻자 언사는 "이 사람은 제가 손수 만든 것으로, 노래도 하고 춤을 출 수 있다."고 대답했다. 그 인형의 일거일동은 진짜 인간과 조금도 다름이 없었다. 목왕은 왕비와 궁녀들을 불러내 그 인형이 노래 부르고 춤추는 것을 함께 구경했다. 변화무쌍한 자태로 자연스럽게 노래하고 춤추는 그 모습 어디에도 그를 가짜 인간이라고 여길 만큼 허술한 구석이 없었다. 노래가 끝날 무렵 인형은 목왕 곁에 앉아 있는 비빈들에게 거슴츠레한 눈빛을 보냈다. 눈알이 쉼 없이 돌아가는 모습이 마치 그녀들을 유혹하는 것 같았다. 목왕은 격노

하여 언사를 끌어내 목을 치라고 명령했다. 언사는 죽음이 두려워 즉시 인형의 목을 비틀고 손과 발을 잡아 뽑고 가슴도 열어젖혔다. 인형은 가죽, 나무, 아교와 칠, 여러 색깔의 염료로 이루어져 있었다. 인형의 몸속에는 창자, 심장, 간, 허파, 내장, 피부, 털, 이빨이 모두 들어 있었다. 언사가 그것들을 원래대로 다시 조립하자 인형은 미녀들에게 눈짓을 보내던 행동을 계속했다. 왕이 인형의 심장을 꺼내게 하자 노래를 부르지 못했고, 간장을 끄집어내자 눈이 멀었으며, 콩팥을 떼어 내자 한 발자국도 걷지 못했다. 그때서야 목왕은 인형이 가짜 인간이라는 것을 믿게 되었고 한숨을 쉬면서 "인간의 손재주가 대자연의 섭리에 이를 수 있다니, 정말 신과 같은 재주로군."라고 말했다. 목왕은 자신의 수레와 똑같은 화려한 마차 한 대를 준비시켜 언사를 태우고 주나라로 돌아갔다.

서양의 전설에 나오는 인조인간 중에서 가장 유명한 것은 골렘이다. 유대인들의 지혜를 집대성한 책인 『탈무드』에는 율법학자(랍비)들이 지구의 모든 지역에서 긁어모은 흙먼지를 반죽하여 만든 덩어리로 인조인간을 창조하는 대목이 나온다. 모양이 없는 진흙 덩어리를 골렘이라 한다. 골렘은 '생명이 없는 물질'이라는 뜻이다.

골렘은 적당한 의식을 치르면 사람의 형상을 갖게 된다. 그다음에 골렘의 이마에 '진리'라는 뜻의 글자를 새겨 주면 생명체로 바뀐다. 이 피조물을 파괴하려면 첫 글자를 지우면 된다. 남은 글자는 '죽음'을 의

미하는 단어이기 때문이다.

골렘은 랍비의 집이나 교회당에서 허드렛일을 거드는 하인 노릇을 하거나, 유대인 사회를 보호하기 위해 이교도의 상황을 감시하는 스파이 역할을 하였다. 1580년 한 랍비가 만든 골렘은 체코의 프라하 시내를 돌아다니면서 이교도의 유대인 학살에 대한 정보를 수집했다고 한다. 이 골렘은 유럽에서 아주 유명한 인조인간 전설로 손꼽힌다.

골렘과 랍비(알레슈의 그림)

나무로 만든 까치

중국 전설에는 나무로 새를 만든 사람의 이야기가 나온다. 그의 이름은 공수반이지만 노나라 사람이었기 때문에 노반이라고 불렸다. 노반은 목공에 종사하는 사람들이 사부로 받들어 모실 만큼 유명한 기술자였다.

노반은 열흘 남짓 집 안에 틀어박혀 대나무와 나뭇조각을 깎고 새겨서 까치를 만들었다. 나무 까치는 하늘에서 사흘 동안이나 떠다니며 떨어지지 않았다. 또 노반은 그 나무 새를 타고 다른 나라의 도성으로 날아가 정찰한 뒤 지형이 어디가 험준하고 어느 지역의 수비가 허술한지 파악해서 임금에게 보고하기도 했다.

공수반(작가 미상)

노반의 나무 새에는 저절로 움직이게 하는 기관이 붙어 있으며, 이것을 나무 막대기로 두세 번 두드리기만 하면 사람을 태우고 하늘로 날아 올라갔다. 노반은 나무 새를 타고 자주 집으로 갔다. 호기심이 많은 그의 아버지는 노반 몰래 막대기로 나무 새를 열 번 두드렸다. 그러자 나무 새는 맹렬한 기세로 하늘 높이 날아올라 단번에 수천 리를 날아갔다. 그 지방 사람들은 하늘에서 나무 새를 탄 늙은이가 내려오자 요괴라고 여겨 그를 잡아 죽이고 말았다. 노반은 또 다른 나무 새를 만들어 아버지의 시체를 싣고 돌아왔다. 그는 아버지의 원수를 갚기 위해 그 지방에 삼 년 동안이나 큰 가뭄이 들게 했다고 한다.

인간의 꿈, 나무 새와 함께 날다

동서고금을 막론하고 날고자 하는 인간의 꿈은 신비로운 전설과 기인의 일화를 숱하게 만들어 왔다. 노반의 나무 새는 날고자 하는 인간의 오랜 소망의 표현이다. 레오나르도 다빈치 역시 인간 팔에 부착시킬 수 있는 날개를 수차례 설계하고 만든 일이 있다. 끊임없는 비상에의 꿈은 결국 오늘날 비행기의 발명으로 현실이 되었으며 더 나아가 무인 항공기, 즉 비행 로봇의 개발로 이어져 가고 있다.

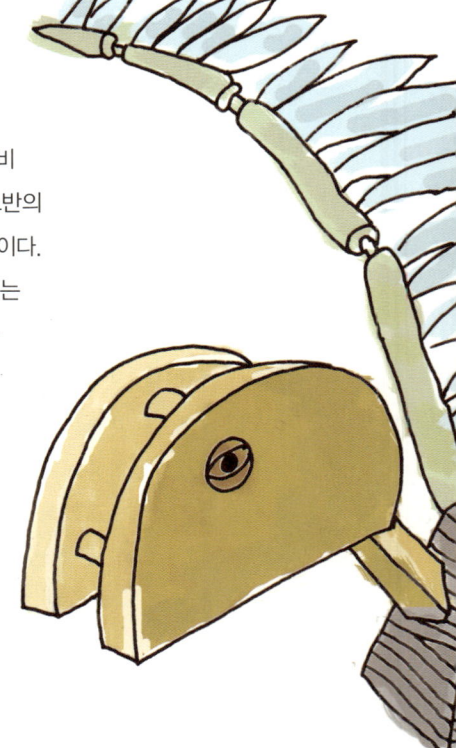

노반이 나무로 만든 새

레오나르도 다빈치의 인공 날개 스케치

02 문학 세계의 인조인간
인조인간이 인간을 해친다

메리 셸리(로스웰의 그림)

현대 과학 소설의 모든 특성을 갖춘 최초의 작품으로 손꼽히는 『프랑켄슈타인』의 주인공은 인조인간이다. 1818년 영국의 여류작가인 메리 셸리(1797~1851)가 발표한 이 소설의 주인공은 젊은 과학자인 빅터 프랑켄슈타인이다. 프랑켄슈타인은 시체 해부실과 도살장에서 재료를 모아 생명체를 만든다. 그러나 그가 피와 살로 만든 창조물은 흉측스럽게 생긴 괴물이었다. 프랑켄슈타인의 실패작인 괴물에게는 이름이 없다.

이 괴물은 실험실을 탈출하여 산골짜

기로 숨는다. 장님 가족이 사는 오두막집의 헛간에 숨어서 사람들이 사는 방법을 배우지만 참을 수 없는 외로움을 해결하기 위해 그들 앞에 모습을 나타낸다. 그의 모습에 놀란 가족은 달아나 버린다. 절망에 빠진 괴물은 살인을 시작한다. 첫 번째 희생자는 프랑켄슈타인의 동생이었다. 괴물은 프랑켄슈타인에게 살인하게 된 경위를 설명하고, 이성의 짝을 만들어 주면 남아메리카의 황무지로 들어가서 인간 세계와 연을 끊고 살겠다고 약속한다.

프랑켄슈타인은 실험실에서 다음과 같이 독백을 한다.

"자신의 생김새 때문에 혐오를 받았던 자가, 똑같은 모습의 여성이 자기 눈앞에 나타나면 더 큰 혐오를 느끼지 않을까? 그녀도 그를 버리면 그는 다시 홀로 남게 되고, 동족에게 버림받아서 분노가 더 커질지도 모른다."

결국 프랑켄슈타인은 괴물의 짝을 만들지 않기로 한다. 절망에 빠진 괴물은 프랑켄슈타인의 친구와 신부를 차례로 죽여서 복수한다. 마침내 프랑켄슈타인은 자신의 창조물을 파괴하기로 결심하는데, 괴물이 황량한 곳으로 자신을 추적하

문학 세계의 인조인간

도록 유인한다. 북극의 빙원을 횡단하지 않을 수 없게 된 프랑켄슈타인은 완전히 기진맥진하여 빙하에 갇힌 탐험대의 배에 구출되지만 죽게 된다. 괴물은 프랑켄슈타인이 죽는 것을 보고 눈물을 흘린 뒤 북쪽을 향해 자취를 감춘다.

이 소설은 과학자인 프랑켄슈타인과 그의 실패작인 괴물이 모두 파멸하는 과정을 보여 줌으로써 19세기 초 과학 발달에 따른 부작용을 비극적으로 보여 주었다.

1915년 오스트리아의 작가인 구스타프 마이링크(1868~1932)가 집필한 환상 소설 『골렘』은 무서운 인조인간 이야기이다. 이 소설에서 골렘의 생명은 저녁까지만 지속되며, 혀 아래 놓여 있는 신비한 부적의 영향을 받는다. 어느 날 저녁 기도를 올리기 전에 랍비가 골렘의 혀에서 부적을 꺼내는 일을 잊어버린다. 그러자 골렘은 발광하여 어두운 거리를 내달렸다. 그리고 자기 앞에 나타나는 사람들을 닥치는 대로 살해했다. 가까스로 골렘을 붙잡아 부적을 꺼내 찢어 버리자 골렘은 진흙 인형으로 되돌아갔다.

1921년 체코의 작가인 카렐 차페크(1890~1938)가 발표한 희곡인 『로섬의 만능 로봇』 역시 『프랑켄슈타인』이나 『골렘』에서처럼 인조인간이 사람을 살해하는 줄거리로 되어 있다.

이 희곡은 로봇이라는 단어가 처음 사용된 것으로 유명하다. 차페크는 '강제 노역'을 뜻하는 체코어인 '로보타'로부터 로봇이란 어휘를 만들어 낸 것이다.

연극은 젊고 아름다운 아가씨가 외딴 섬에 있는 로봇 공장을 방문하는 장면으로 시작된다. 공장 주인인 로섬은 늙은 생리학자이다. 그는 물질을 화학적으로 합성하여 10년 만에 인간을 만들었지만 사흘밖에 살지 못했다. 이때 로섬의 아들이 섬에 온다. 기술자인 젊은 로섬은 노동자처럼 일하는 기계를 만드는 데 성공한다. 로봇을 만든 것이다. 이 로봇은 생김새가 사람을 닮았다. 10년이 지나서 로봇의 수는 수백만 개로 늘어났다. 로섬의 공장은 평화롭게 잘 돌아갔으나 한 과학자가 로봇을 생산하는 방식에 약간의 수정을 가하면서 문제가 생긴다. 로봇에게 고통을 느끼는 능력을 주었는데, 화가 난 로봇들이 마침내 인간에 대해 반란을 일으킨다. 로봇의 지도자는 동료 로봇에게 "우리는 너희에게 명령한다. 모든 인간을 죽여라. 한 남자도 남기지 마라. 한 여자도 남기지 마라."라고 외친다.

구스타프 마이링크(위)와
카렐 차페크 동상

로봇이 섬을 점령하고 모든 인간이 죽임을 당했으나 한 사람만 살아남는다. 로봇들은 자기들도 죽어 가기 때문에 이 생존자에게 로섬의 비밀을 찾아낼 것을 명령하지만 뜻을 이루지 못한다. 이때 기적이 일어난다. 남녀 한 쌍의 최신 로봇이 등장한 것이다. 연극의 마지막 장면에서는 "가거라 아담, 가거라 이브. 세상은 너희들 것이다."라는 대사가 흘러나온다.

『로섬의 만능 로봇』은 로봇의 두 얼굴, 즉 인간의 하인으로서의 로봇과 인간의 자리를 빼앗으려는 로봇을 보여 주기 때문에 고전의 반열에 올랐다.

우리나라에서는 1923년 춘원 이광수가 『롯삼의 만능 로봇』이라는 제목으로 번역하여 출간하였다.

인조인간이 사람에게 해로운 존재로 등장하게 마련인 과학 소설의 흐름에 획기적인 변화를 일으킨 인물은 러시아 태생으로 미국에서 활약한 과학 소설가인 아이작 아시모프(1920~1992)이다. 그는 1950년 몇 편의 짧은 이야기를 단행본으로 묶어 낸 『나, 로봇』에서 모든 로봇이 따라야 하는 '로봇 공학의 3대 법칙'을 제안하였다. 로봇 공학 3법칙은 다음과 같다.

1 로봇은 인간에게 해로운 행동을 하지 않으며, 인간이 해를 당하는 것을 그냥 지켜봐서는 안 된다.

2 로봇은 첫 번째 법칙에 어긋나는 경우가 아니면 인간의 명령에 따라야 한다.

3 로봇은 첫 번째 법칙과 두 번째 법칙에 어긋나지 않는 범위에서 자신을 보호해야 한다.

아이작 아시모프(로웨나 모릴의 작품)

『나, 로봇』에는 로봇 공학 3법칙에 따라 사람을 해치지 않는 로봇들의 이야기가 소개된다.

가령, 첫 번째 작품인 「소녀를 사랑한 로봇」은 어린 소녀와 이 소녀를 돌보는, 말을 못하는 보모 로봇이 주고받는 가슴 뭉클한 사랑이 읽는 이의 눈물샘을 자극한다. 이어서 「위험에 빠진 로봇」에서는 로봇 공학 제1법칙과 제3법칙 사이에서 방황하다 위험에 빠지는 로봇이 등장

문학 세계의 인조인간 **29**

한다.

아시모프의 소설을 계기로 20세기 후반부터 로봇이 주인공으로 나오는 소설이 봇물처럼 쏟아져 나오기 시작하였다.

한편 1960년대부터 산업 현장에 로봇이 모습을 드러냄에 따라 로봇은 더 이상 소설 속의 인조인간이 아니라 일상생활에서 도움을 주는 존재가 되었다.

그러나 21세기를 맞이하면서 나노 기술을 비롯한 첨단 기술이 인류의 미래를 파괴할지도 모른다고 걱정하는 사람들이 나타나기 시작했다. 과학 기술을 프랑켄슈타인의 괴물로 여기는 풍조가 부활한 셈이라고나 할까. 미국의 과학 소설 베스트셀러 작가인 마이클 크라이튼(1942~2008)의 작품인 『먹이』(2002)에는 나노 기술로 만든 로봇, 곧 나노 로봇의 집합체가 프랑켄슈타인의 괴물처럼 인간에게 공포를 안겨 주는 장면이 끊임없이 등장한다. 애당초 이 나노 로봇들에게 아시모프의 로봇 공학 3법칙은 아무 쓸고가 없는 것일 수밖에 없다.

21세기 로봇 공학의 발전 추세로 보아 사람에게 우호적이기보다는 사람에게 위협적인 로봇이 문학 작품에 더 자주 등장할 것으로 전망된다.

 ## 로봇의 사랑

로봇이 나오는 문학 작품에 사랑 이야기가 빠질 리 없다. 사람과 로봇의 애정 문제를 다룬 소설로는 『미래의 이브』와 『헬렌 오로이』가 유명하다.

1886년 프랑스에서 빌리에 드 릴라당(1838~1889)이 펴낸 『미래의 이브』에는 아름다운 인조인간이 등장한다. 걸음걸이, 목소리, 몸짓, 얼굴 표정이 사람을 닮은 이 로봇은 여자처럼 피부가 매끄럽고 몸매가 매력적이다. 젊고 잘생긴 남자가 영혼을 가진 이 로봇과 사랑에 빠진다.

1938년 미국의 과학 소설 작가인 레스터 델 레이(1915~1993)가 펴낸 『헬렌 오로이』에는 완전무결한 여성 로봇이 나온다. 이 로봇은 얼굴 표정이 다

빌리에 드 릴라당

양하며 소리 내어 울 줄도 알고 연애 소설을 읽으며 시간을 보낸다. 두 명의 총각에게 가정부 노릇을 해 주다가 그중 한 명과 결혼해서 내조를 잘한다. 그러나 남편이 죽자 이 로봇은 다음과 같은 유서를 남기고 자살한다.

"우리들을 위해 너무 슬퍼하지 마세요. 우리 부부는 함께 행복한 삶을 살았으니까요. 우리 부부는 나란히 인생의 마지막 다리를 건널 것이라고 느끼고 있답니다."

03 영화 속의 로봇과 안드로이드
로봇은 사람이 되고 싶어 한다

프리츠 랑

영화의 초창기부터 로봇에 대한 관심은 대단했다. 흑백 화면에 무성영화가 전부였던 1920년대에 이미 로봇 영화가 등장할 정도였다. 그 당시 가장 인기가 높았던 로봇 영화는 1926년 오스트리아 출신의 독일 사람인 프리츠 랑(1890~1976)이 감독한 〈메트로폴리스〉이다.

    가상의 마천루 도시인 메트로폴리스(거대 도시)는 프리더슨이라는 사업가가 세웠으며 대부분의 시민은 그의 노예였다. 시민들은 지하에서 일하면서 땅 위에 사는 몇몇

특권층을 위해 노예 노릇을 했다.

어느 날 프리더슨의 아들이 지하의 노동 현장에 갔다가 마리아라는 젊은 여자 노예를 사랑하게 된다.

한편 프리더슨은 과학자이자 마술사인 사람에게 마음대로 부려먹을 수 있는 로봇을 만들도록 지시한다. 그는 마리아와 똑같이 생긴 로봇을 완성한다. 로봇 마리아는 노예들을 부추겨 반란을 일으킨다. 로봇 마리아는 화형을 당해 쇳덩어리로 바뀌지만, 진짜 마리아는 탈출해서 노예들을 구하기 위해 백방으로 노력한다.

최초의 여성 로봇인 마리아의 탄생은 시대적 분위기와 무관하지 않았다. 제1차

프리츠 랑의 무성영화 〈메트로폴리스〉에 등장하는 최초의 여성 로봇 마리아

영화 〈메트로폴리스〉의 포스터

세계대전에서 승리하기 위해 독일과 영국 등은 국민적 단합을 도모하고 애국심을 고취할 수 있는 상징적 존재가 필요했다. 15세기 영국과 프랑스 사이의 백년전쟁에서 기적을 실현해 프랑스를 구한 시골 처녀인 잔 다르크(1412~1431)만큼 적합한 인물은 없었다. 잔 다르크는 성모 마리아의 모습이 새겨진 깃발을 치켜들고 선봉에 서서 낙담한 병사들의 사기를 북돋우어 백전백승하는 기적을 보여 주었기 때문이다. 제1차 세계대전 동안에 잔 다르크는 승리의 화신으로 포스터 등 각종 선전 홍보물에 등장했다. 전쟁에서 참패한 독일에서는 국민들에게 용기와 희망을 불어넣어 주기 위해 잔 다르크를 활용했다. 이러한 사회적 분위기에서 제작된 영화가 다름 아닌 〈메트로폴리스〉이다. 이 영화에서 여성 로봇인 마리아는 갑옷 입은 처녀 전사인 잔 다르크의 모습과 분위기를 재현하였다. 훗날 마리아는 여성의 성적 매력을 물씬 풍기는 로봇인 이른바 섹시 로봇으로 거듭난다.

컴퓨터 기술의 발달로 사람처럼 행동하는 기계의 개발이 시도되면서 20세기 후반부터 사람처럼 지능을 가진 기계가 등장하는 영화들이 쏟아져 나왔다. 특히 로봇은 〈스타워즈〉 시리즈에서처럼 우주여행에 없어서는 안 될 존재로 묘사되었다.

1977년 제1편을 선보인 〈스타워즈〉 시리즈는 공상 과학 영화의 시대를 연 걸작으로 평가된다. 이 영화에는 사람의 뜻을 거스르지 않고 충성을 다하는 로봇인 알투디투(R2D2)와 씨스리피오(C3PO)가 출연한다.

1980년대부터는 로봇과 함께 안드로이드와 사이보그가 영화의 주역으로 등장한다. 안드로이드와 로봇은 모두 인조인간을 의미하지만, 로봇은 기계 장치로

〈스타워즈〉 시리즈의 로봇 알투디투(왼쪽)와 씨스리피오

만드는 반면에 안드로이드는 생물학적 물질로 만든다는 점이 다르다. 다시 말해 로봇은 기술적으로 이미 현실화되었지만, 안드로이드는 과학 소설에서나 상상해 봄직한 인조인간일 따름이다.

안드로이드가 본격적으로 등장한 최초의 영화는 1982년 미국에서 발표된 〈블레이드 러너〉이다. 과학 소설가로 걸작을 여러 편 남긴 필립 딕(1928~1982)의 1969년 작품인 『안드로이드는 전기 양의 꿈을 꾸는가?』를 영화로 만든 것이다. 〈블레이드 러너〉에서 사람들은 안드로이드를 노예로 만들고 전기 양과 전기 거미를 기른다. 안드로이드는 사

영화 속의 로봇과 안드로이드 35

영화 〈블레이드 러너〉의 포스터

람으로 둔갑하여 그들이 맡은 일을 내팽개치고 도망쳐서 도처에 있는 폐허에서 산다. 주인공인 인간은 현상금을 타기 위해 안드로이드 사냥에 나선다. 그러나 안드로이드가 사람과 비슷해서 사냥꾼들은 애를 먹는다.

그렇다면 인간과 안드로이드를 구분하는 기준은 무엇일까? 그 유일한 기준은 심리적인 것이다. 만일 안드로이드가 전기 양에 대한 꿈을 꾼다면 그들은 진짜 인간이 아닐까? 만일 안드로이드가 인간이라면 그들을 만든 인간은 신이란 말인가? 필립 딕은 프랑켄슈타인의 괴물처럼 인조인간인 안드로이드를 통해 인간성의 참다운 의미와 한계를 탐색한다.

안드로이드가 나오는 다른 영화에서도 인간과 기계의 경계 또는 차이에 대한 질문이 제기된다. 〈바이센테니얼 맨〉과 〈A.I.(에이 아이)〉가 대표적인 예이다.

36 나는 멋진 로봇친구가 좋다

1999년 아이작 아시모프의 동명 소설을 영화로 만든 〈바이센테니얼 맨〉은 안드로이드가 200년(바이센테니얼) 동안 인간으로 바뀌어 가는 과정을 보여 준다. 이 로봇은 창조성, 호기심, 기억 능력을 지니게 되고 마침내 한 여자를 사랑하게 된다. 그러나 인간의 한계인 죽음을 뛰어넘지 못한다. 이 안드로이드는 기계로 살기보다는 사람이 되고 싶었기 때문에 결국 불멸을 포기하고 죽음을 선택한 것이다.

2001년 스티븐 스필버그(1946~) 감독이 발표한 〈에이 아이〉는 어린 안드로이드가 인간을 사랑하는 애절한 이야기이다. 영어 제목은 '인공 지능'을 뜻한다. 인공 지능은 사람처럼 생각하는 기계를 연구하는 컴퓨터 과학이다.

영화 〈바이센테니얼 맨〉(위)과 〈A.I.〉의 안드로이드

이 영화의 주인공은 열한 살짜리 안드로이드인 데이비드이다. 사람처럼 생각할 줄 알고 느낄 줄도 아는 인조인간이다. 데이비드는 자식이 없는 부부를 위해 만들어진 로봇 소년이다. 이 안드로이드는 인간의 가정에 입양되어 오로지 사랑받고 사랑하는 일만 하면 되었다. 그러나 부모로부터 버림을 받게 된다. 로봇 소년이 엄마의 사랑을 되찾

영화 속의 로봇과 안드로이드 37

▬ 영화 〈아이, 로봇〉의 자의식을 가진 로봇

으려고 동화 속의 요정을 찾아 나서는 모험담이 관객의 눈물샘을 자극한다. 어머니의 품에 안긴 데이비드가 눈물을 글썽이며 영원히 잠드는 마지막 장면을 보면서 사람과 로봇을 구별하기 어려운 세상이 올지도 모른다고 생각한 관객이 적지 않았을 것이다.

2004년 로봇 영화로서 대박을 노린 〈아이, 로봇〉이 화제를 불러일으켰다. 아시모프의 단편 소설집인 『나, 로봇』과 제목은 같지만, 이 소설에서 '로봇 공학의 3대 법칙' 아이디어만 빌려 왔을 뿐 줄거리는 아무 관련이 없는 영화이다. 다섯 사람 중 한 명이 로봇을 가전제품처럼 소유하는 2035년, 로봇들이 사람 대신에 퀵서비스, 청소, 부엌일 등을 도맡아 처리하는 미국 시카고가 무대이다. 살인 사건을 수사하는 형사가 한 로봇을 범인으로 지목한다. 이 로봇은 꿈을 꾸고 감정을 느끼며 자의식을 갖고 있다. 우여곡절 끝에 로봇들이 로봇 공학의 3대 법칙을 어기고 인간을 공격한다. 그렇다면 사람처럼 자의식을 가진 로봇이 인간을 지배하게 될 것인가? 이 영화는 이 질문을 던지면서 끝난다.

사이보그

1980년대부터는 로봇과 함께 사이보그가 영화의 주인공으로 곧잘 등장한다. 사이보그는 기계와 유기체의 합성물을 뜻한다. 따라서 유기체에 기계가 결합되면 그것이 사람이건 바퀴벌레이건 박테리아이건 모두 사이보그라 부른다. 사람만이 사이보그가 되는 것은 아니다. 사이보그는 텔레비전 연속물인 〈600만 불의 사나이〉(1974~1978)를 비롯해 〈터미네이터〉(1984), 〈로보캅〉(1987), 〈공각기동대〉(1995), 〈매트릭스〉(1999) 등의 영화에서 맹활약한다.

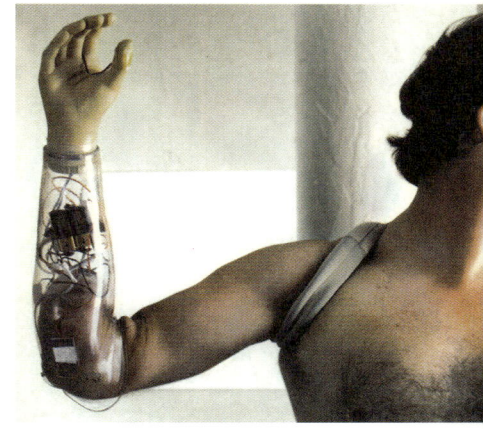

사람을 사이보그로 만드는 기술은 한두 가지가 아니다. 대표적인 예는 신경 보철이다. 시각 장애인의 눈에 인공 망막을 이식하여 볼 수 있게 하거나, 청각 장애인의 귀에 인공 와우각을 집어넣어 들을 수 있게 하는 것이 신경 보철의 대표적인 기술이다.

신경 보철 장치를 몸에 지닌 환자들처럼 심신 기능에 문제가 있는 사람들만이 사이보그가 될 수 있는 것은 아니다. 가령 뇌의 특정 부위에 기계 장치를 심으면 뇌의 기능을 향상시킬 수 있기 때문에 심신이 건강한 사람들도 얼마든지 사이보그로 변할 수 있다. 전문가들에 따르면, 2050년경에 무선 송수신 장치를 뇌에 이식한 사이보그들끼리 생각만으로 뜻을 주고받게 될 것 같다. 따라서 멀리 떨어져 있는 사람들도 텔레파시로 의사 전달을 하게 된다. 사이보그들이 생각만으로 의사 전달을 하게 됨에 따라 전화는 물론이고 언어마저 쓸모없어진다. 또한 사이보그들은 컴퓨터 통신망에 뇌의 송수신 장치를 연결하여 세계 곳곳의 수많은 사람들과 생각 신호로 정보를 교환한다. 생각 신호로 마음을 주고받는 세상이 오면 무슨 방법으로 남에게 자신의 속마음을 들키지 않을 수 있을는지.

21세기에는 정보 기술과 생명 공학이 발달할수록 사람이 사이보그로 바뀌는 현상이 가속화되면서 사람과 로봇의 경계가 서서히 허물어질 것임에 틀림없다.

04 만화 속의 로봇
마음껏 세상을 누비는 꿈을 꾼다

2001년 일본에서는 〈메트로폴리스〉가 제작되었다. 2003년 1월 우리나라에서도 개봉된 이 작품은 일본 만화의 대부인 데즈카 오사무(1928~1989)의 1949년 만화를 원작으로 삼아 5년 동안 10억 엔(약 100억 원)을 들여 만든 대작이다. 이 영화의 무대는 하늘에 닿을 듯한 최첨단 빌딩이 늘어선 미래의 거대 도시이다. 주인공인 여성 로봇이 한 남자를 사랑하며 고뇌하는 모습을 통해 인간과 로봇이 공존하는 미래의 단면을 보여 준다.

2003년 4월 7일 일본 열도는 우주 소년 아톰의 탄생일을 맞아 온통 흥분의 도가니였다. 1951년 데즈

데즈카 오사무의 만화 주인공 아톰

카 오사무는 아톰이 등장한 만화 〈아톰 대사〉를 어린이 잡지에 연재하면서 아톰이 이날 도쿄에서 태어난 것으로 설정했기 때문이다. 1952년에는 〈철완 아톰〉이 발표되어 아톰의 전성시대를 예고하였다. 아톰은 프리츠 랑의 〈메트로폴리스〉와 엇비슷한 사회적 배경에서 탄생했다. 1926년 〈메트로폴리스〉가 제1차 세계대전에서 패배한 독일 국민의

인간과 로봇이 공존하는 미래 모습을 그린 애니메이션 〈메트로폴리스〉

상처를 어루만져 주기 위해 제작되었다면, 1951년 아톰은 제2차 세계대전에서 원자폭탄 앞에 무릎을 꿇은 일본 국민의 열등감을 극복하기 위해 창조되었다.

　데즈카 오사무는 원자력을 평화적으로 사용하는 가상의 나라를 만화의 무대로 설정하고, 사람의 마음을 가진 아톰이 하늘을 날며 사람들을 구하는 장면을 묘사함으로써 인류가 과학 기술을 통해 행복해지기를 바라는 그의 소망을 펼쳐 보였다.

아톰은 프리츠 랑의 〈메트로폴리스〉와 함께 미키 마우스와 슈퍼맨으로부터 영향을 받아 태어났다. 1928년 생쥐를 의인화한 미키 마우스는 월트 디즈니(1901~1966)의 만화 주인공으로 유명하다. 1938년 첫선을 보인 만화 주인공 슈퍼맨은 붉은 망토를 휘날리며 창공을 날아가는 모습으로 미국인들의 사랑을 듬뿍 받았다. 데즈카 오사무는 아톰이 미키 마우스의 영향을 받아 태어났음을 시인했다.

단추 하나 달린 셔츠에 장갑을 끼고 넓적한 구두를 신은 미키 마우스의 모습은 나의 만화 작업에 상당한 영향을 주었다. 우선 아톰은 여러 면에서 미키 마우스와 많이 닮았다. 미키 마우스는 유달리 커다란 귀가 두 개 있는데, 아톰 머리에도 돌출한 두 개의 뿔이 달려 있다. (중략) 아톰이 상의를 걸치지 않은 것도 미키 마우스와 일치한다. 흑백영화 시대에 미키 마우스는 팬티만 걸친 스타일이었다. 아톰 역시 팬티 차림이다.

제2차 세계대전의 패배로 실의에 빠져 있던 일본인들은 미키 마우스처럼 웃음을 잃지 않고 슈퍼맨처럼 하늘을 누비는 아톰의 귀여운 몸짓에서 용기를 얻고 다시 일어나 경제 대국을 건설했으며, 세계에서 로봇을 가장 많이 만들고 활용하는 나라가 되었다.

1963년부터 데즈카 오사무의 원작으로 만든 텔레비전 애니메이션인 〈철완 아톰〉이 방영되어 폭발적인 인기를 누렸다. 철완 아톰은 사람에 의해 조종되지 않고 자신의 의지에 따라 사람처럼 움직이는 어린이 크기의 로봇이다. 일본에서 제작된 최초의 텔레비전 만화인 〈철완 아톰〉은 1966년까지 4년간 방송되었으며, 우리나라에서는 〈우주 소년 아톰〉으로 1970년, 1983년, 2003년 등 세 차례나 텔레비전에 방영되었다.

"푸른 하늘 저 멀리 랄랄라 힘차게 날으-는 / 우주 소년 아톰 용감히 싸워라 / 언제나 즐겁게 랄랄라 힘차게 날으-는 / 우주 소년 아-톰, 우주 소년 아-톰."

우리나라 어린이들은 텔레비전 앞에 앉아 이 노래를 들으면서 아톰과 친구가 되었다.

1963년 10월에는 아톰과 달리 사람보다 훨씬 큰 거대 로봇이 등장하는 〈철인 28호〉가 일본의 텔레비전 화면을 누볐다. 요코야마 미즈테루의 원작 만화로 만든 〈철인 28호〉는 아톰처럼

철인 28호

만화 속의 로봇 43

슈퍼 로봇의 대명사가 된 〈마징가 Z〉

자신의 의지로 움직이는 것이 아니라 사람에 의해 멀리서 조종되는 거대 로봇을 처음으로 소개하여 이른바 슈퍼 로봇 만화 영화의 시대를 열었다.

슈퍼 로봇은 〈마징가〉 애니메이션 시리즈를 통해 로봇 만화 영화의 주류가 된다.

"무쇠팔 무쇠다리 로케트 주먹, 목숨이 아깝거든 모두 모두 비켜라."
- 마징가 제트

"달려라 달려 찡가, 날아라 날아 찡가, 용감하게 싸워라!"
- 그레이트 마징가

"초록빛 자연과 푸른 하늘과 하나뿐인 인간의 별 지구를 위해서!"
- 그렌다이저

이처럼 어린이들에게 익숙한 노래들은 마징가 애니메이션 시리즈인 〈마징가 Z〉, 〈그레이트 마징가〉, 〈UFO 로보그렌다이저〉의 주제 음악들이다.

만화가인 나가이 고가 창조한 마징가 제트는 키 18미터, 가슴둘레 13.6미터, 다리 길이 7미터, 무게 20톤의 슈퍼 로봇이다. 특히 사람이 로봇에 탑승하여 자신의 수족처럼 조종하는 개념을 처음으로 도입했기 때문에 마징가 제트는 슈퍼 로봇의 대명사가 되었다.

〈마징가 Z〉는 1972년 12월부터 1974년 9월까지 일본 텔레비전에 방영되었으며, 〈그레이트 마징가〉는 1974년 9월부터 1975년 9월까지, 이 시리즈의 마지막을 장식하는 〈UFO 로보그렌다이저〉는 1975년 10월부터 1977년 2월까지 일본의 텔레비전에 방송되었다.

〈마징가 Z〉 등 일본의 로봇 만화 영화가 우리나라의 안방극장에 소개되어 어린이들의 사랑을 받고 있던 1970년대에 한국 로봇 애니메이션 제1호인 〈로봇 태권V〉가 등장한다. 1976년 여름방학에 텔레비전이 아니라 극장에서 상영되어 18만 명에 달하는 관객을 끌어들일 정도로 흥행에 성공했다.

첫 작품이 대박을 터뜨린 데 힘입어 1976년 12월에 제2탄인 〈로봇 태권V-우주 대작전〉, 1977년 7월에 3탄인 〈로봇 태권V-수중 특공대〉가 발표되었다. 이어서 1978년에 〈로봇 태권V-황금 날개 1·2·3〉, 〈로봇 태권V와 황금 날개의 대결〉이 시리즈로 제작되었다.

로봇 태권브이는 일본의 슈퍼 로봇 개념에 한국의 태권도를 접목시킨 한국의 토종 로봇이다.

주인공 훈이는 아버지 김 박사, 친구 영희와 함께 세계 태권도 대회에 나가 우승을 차지하고 카프 박사가 만든 붉은 제국과 맞서 싸운다. 태권브이

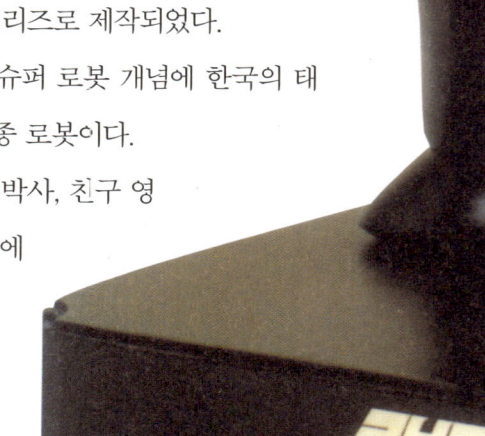

는 사막에서 붉은 제국의 로봇들인 검도 로봇, 레슬링 로봇, 격투기 로봇과 3대 1로 대결을 하여 통쾌한 승리를 거둔다.

일본에서는 슈퍼 로봇의 조종 기술이 갈수록 변화 무쌍하게 발달하여 원격 조종(철인 28호)과 사람의 탑승 운전(마징가 시리즈)에 이어 사람이 손을 대지 않고 정신적 교감만으로 로봇을 움직이는 방법까지 등장한다. 1995년 10월부터 1996년 3월까지 일본 텔레비전에 방송된 애니메이션 〈신세기 에반겔리온〉이 그 좋은 보기이다. 로봇 기술의 발달에 따라 로봇 만화 영화 역시 새로운 모습을 계속 선보일 것이다.

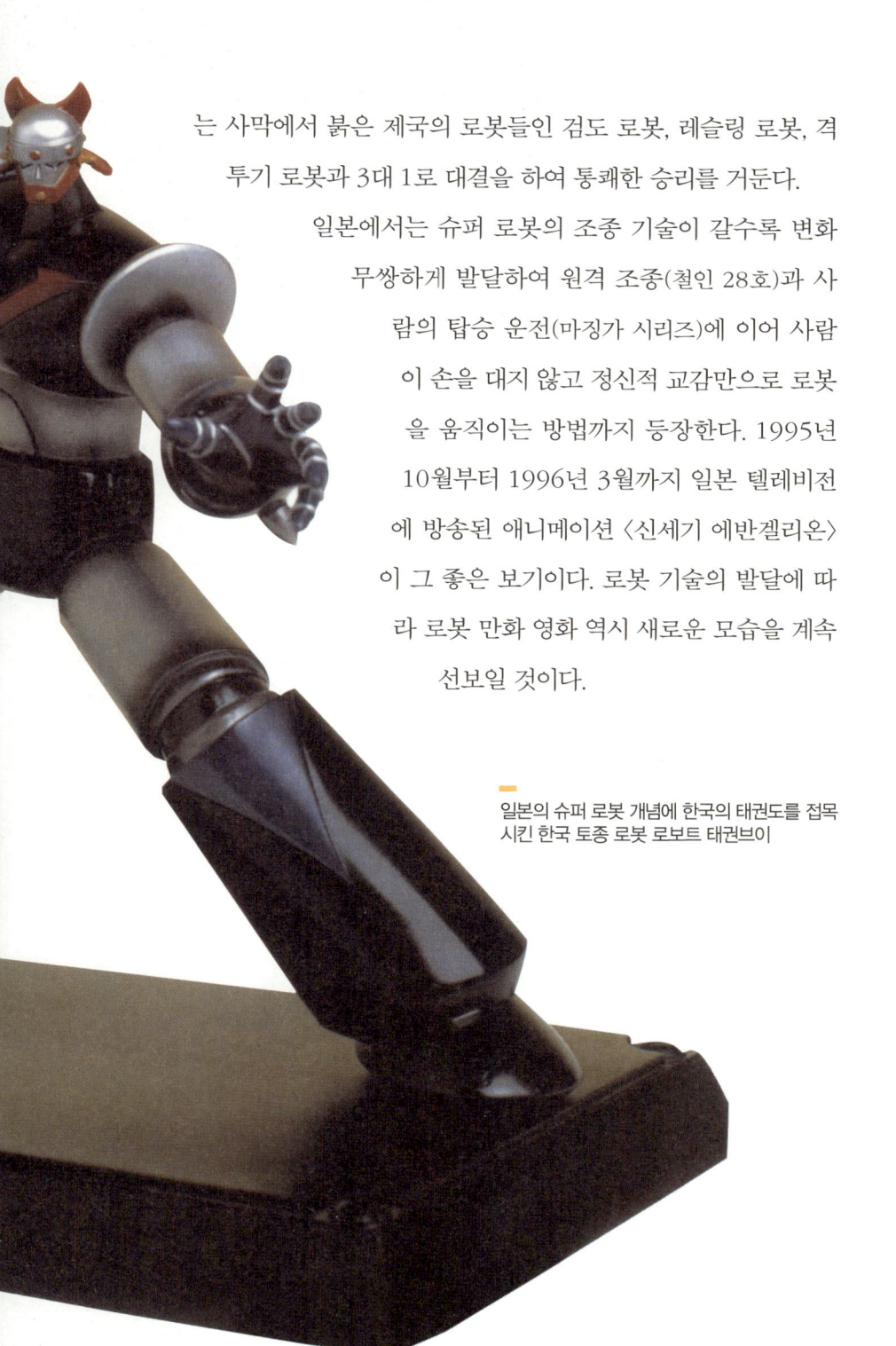

일본의 슈퍼 로봇 개념에 한국의 태권도를 접목시킨 한국 토종 로봇 로보트 태권브이

〈신세기 에반겔리온〉에서는 정신적 교감만으로 로봇이 작동된다.

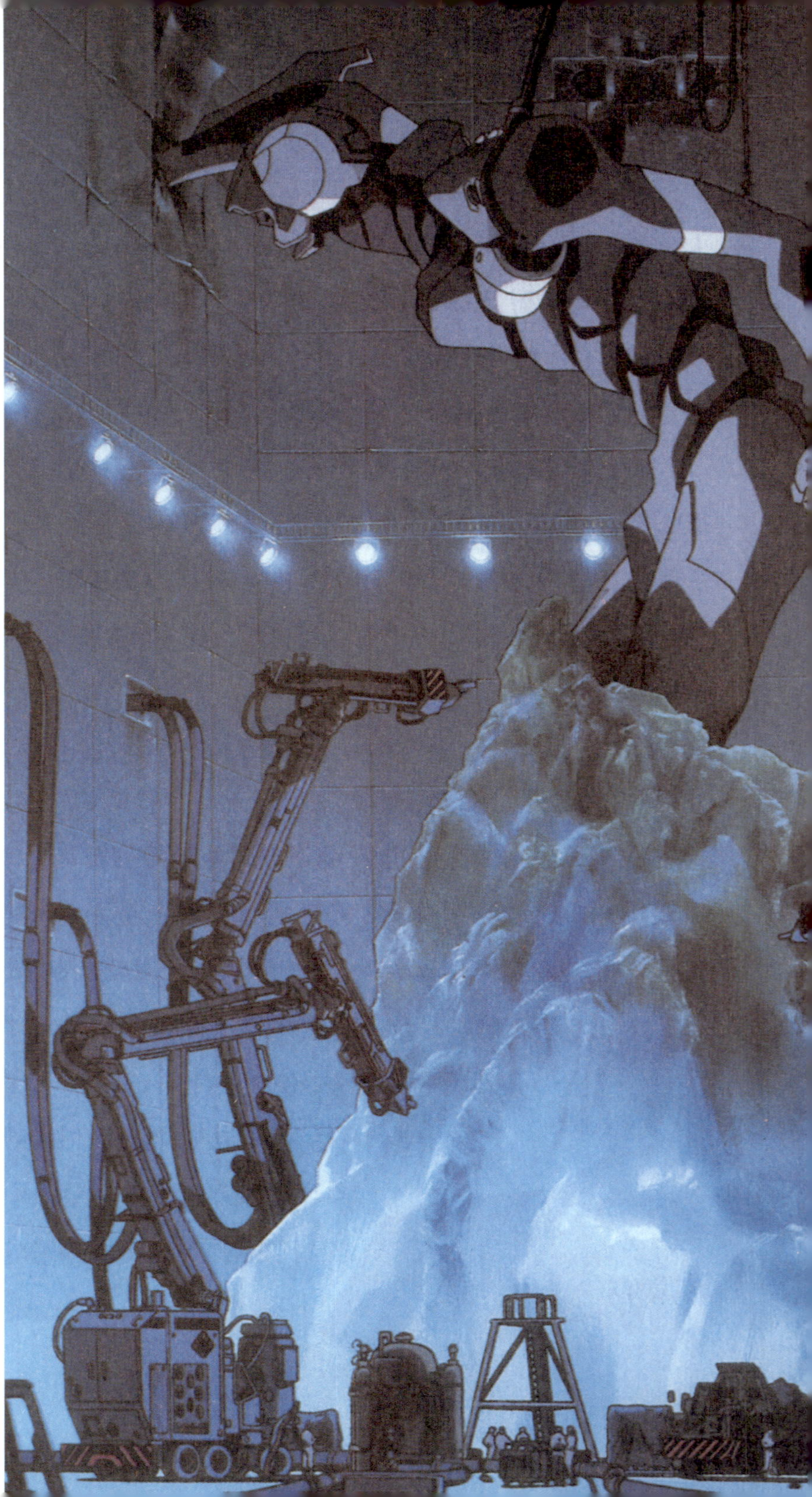

© GAINAX/Project Eva, TV TOKYO 자료 : 대원 뉴타입

아톰이 성공한 이유

아톰이 일본인들의 사랑을 독차지한 이유는 두 가지로 볼 수 있다.

첫째, 아톰은 전쟁에 지고 실의에 빠져 있던 일본인들에게 희망과 꿈을 불어넣었다. 히로시마에 투하된 원자폭탄으로 수많은 사람들이 숨졌는데도 일본인들은 과학 기술을 증오하는 대신에 데즈카 오사무처럼 그것을 활용하려고 노력했다. 예컨대 일본의 히로히토 왕은 패전 직후인 1945년 9월 열두 살 된 아들에게 보낸 편지에서 일본이 패망한 이유로 과학 기술을 경시한 것을 지적했다. 따라서 일본 왕을 비롯한 정치 지도자들은 정복자, 곧 미국이 보유한 기술을 이용하여 나라를 재건하는 쪽으로 방향을 잡았다. 과학 기술에 나라의 장래를 건 일본인들에게 아톰처럼 과학의 힘을 유감없이 보여 준 상징은 없었기 때문에 인기가 치솟을 수밖에 없었던 것이다.

아톰이 사랑을 받은 두 번째 이유는 일본인 고유의 정신문화에서 찾을 수 있다. 일본인들은 길 위의 작은 돌멩이에서 각종 전자 제품에 이르기까지 그 안에 혼백이 들어 있다고 믿는다. 삼라만상에 영혼이 있다고 여기기 때문에 컴퓨터는 물론이고 휴대전화 등 각종 기계 장치에 사람처럼 이름을 지어 준다. 많은 사람들은 친구보다 기계와 더 많은 시간을 보낼 정도이다. 이러한 사회적 풍토에서 사람처럼 움직이는 기계인 아톰이 가족처럼 사랑받은 것은 당연했다.

기계를 사랑하고 아톰을 탄생시킨 일본이 세계적인 과학 기술 강국이 되고 세계 최대의 로봇 왕국이 된 것은 우리들에게 많은 것을 생각하게 한다. 우리나라는 젊은이들이 이공계 대학을 기피할 정도로 과학 기술을 싫어하는 사회이기 때문이다.

05 역사 속의 자동장치

사람들은
늘 스스로 움직이는 기계를 만들었다

동서양의 거의 모든 고대 문화에서 생물처럼 스스로 움직이는 기계 장난감을 만들어 사용한 흔적을 발견할 수 있다. 고대 중국의 과학자들은 엄청나게 많은 자동장치(오토마톤)를 만들었다.

기원전 4세기 은나라 탕왕 때 서쪽의 기굉국이라는 나라의 과학자들이 비거, 곧 하늘을 나는 수레를 타고 처음으로 시험 비행을 했다고 한다. 비거가 당도한 곳의 주민들은 물질문명을 반대하여 비거를 망가뜨렸다. 그러나 10년이 지난 뒤 동풍이 불자 원래 모습과 똑같이 비거를 만들어 기굉국 과학자들에게 돌려주고 자기네 나라로 돌아가게 했다고 전해진다.

6세기 후반에는 술 따르는 로봇이 있었다. 이 로봇은 춤을 잘 추고 수염이 덥수룩했는데, 임금이 잔치를 벌이다가 손님에게 술을 권하고 싶으면 이 로봇에게 지시를 내렸다. 로봇은 술잔을 손에 들고 손님에게 공손히 절을 하며 술잔을 올렸다고 한다.

고대의 기술자들은 자동장치의 연속적인 운동을 일으키는 원동력이 될 수 있는 것은 무엇이든지 사용했다. 주로 물, 공기, 수증기 따위의 특성이 원동력으로 사용되었다. 기원전 135년 고대 이집트의 크테시비우스는 물을 동력으로 이용하는 시계를 비롯하여 노래하는 검정 새 등 수많은 오락 기구를 고안한 것으로 기록에 남아 있다.

알렉산드리아의 헤론

1세기에 알렉산드리아의 헤론은 논문을 발표하고, 공기의 작용 원리를 이용하여 간단한 동작을 발생시킬 수 있는 자동장치를 묘사하였다. 헤론이 고안한 자동장치는 동물, 노래하는 새, 사람 모양의 장치 등 매우 다양하다.

중세 유럽에서는 교회를 중심으로 자동장치가 개발되었다. 제르베르 도리야크(920~1003)란 수도승은 사람의 질문에 대답하는 청동제 기계 인간을 갖고 있었다. 이 장치는 종교와 정치에 관련된 사안에 대해 질문하면 '예' 또는 '아니요'라고 대답했다. 이 수도승은 훗날 교황 실베스테르 2세가 된다.

알베르투스 마그누스(1206~1280) 주교는 화학, 의학, 천문학에 관해 많은 책을 썼으며 20년 이상 걸려서 인조인간을 만들었다. 이 기계 인간은 걷고 말하고 가사를 돌보았다. 알베르투스 마그누스는 그의 제자인 토마스 아퀴나스(1225~1274)와 한 집에 살았는데, 인조인

알베르투스 마그누스(토마소 다 모데나의 그림)

간이 그들을 뒷바라지하였다. 어느 날 이 로봇이 수다와 잡담을 늘어놓아 미칠 지경이 된 아퀴나스가 망치로 부수어 버렸다고 한다.

알베르투스 마그누스는 박식한 학자였으며 토마스 아퀴나스는 위대한 철학자이자 신학자로 평가된다. 두 사람은 가톨릭교회의 성자의 반열에 올랐다. 두 사람의 학문적 깊이로 미루어 보아 인조인간 이야기가 허무맹랑한 것만은 아닐 성싶다.

15세기에는 수학자이자 천문학자인 요하네스 밀러(1436~1476)가 독수리와 파리를 만들어 사람들을 놀라게 했다. 파리는 몸속에 숨겨진 스프링으로 날갯짓을 하고, 손님에게는 보이지 않는 줄에 매달려 식탁 위를 날아다닌 것으로 여겨진다.

스위스 사람인 파라셀수스(1493~1541)는 기계 인간, 특히 안드로이드 제작에 관심이 많았다. 그는 1500년 유럽을 휩쓴 매독의 치료에 처음으로 수은을 투여하여 고대의 연금술과 현대의 생화학 사이에 다리를 놓은 학자이다. 그는 숱한 일화를 남긴 기인이자 천재답게 기계 인간을 생산하는 방법을 발견했다고 주장했다. 그 방법은 다섯 단계로 진행된다. 먼저 남자의 정액을 뽑아낸다. 이 정액을 항아리에 담아서 연금술에 의하여 봉인한다. 이 항아리를 40일간 말의 분뇨 속에 묻어 둔다. 40일 뒤에 항아리를 끄집어내면 그것은 인간을 닮아 있을 것이다. 다소 투명한 점이 인간과 다를 뿐이다. 끝

파라셀수스(작가 미상)

으로 이 항아리에 40주 동안 사람의 피를 수혈해 준다. 그러면 인조인간은 스스로 살아 나갈 수 있다. 파라셀수스는 이 인조인간을 교육시키는 특수한 방법을 함께 제시하였다. 교육이 완료되면 이 기계는 완벽한 인간이 된다.

18세기에는 유럽의 모든 대도시에서 사람, 코끼리 또는 공작새를 닮게 설계한 자동 기계가 눈에 띄었다. 이러한 자동 기계의 최고 걸작은 프랑스의 자크 드 보캉송(1709~1782)이 만든 기계 오리이다.

보캉송은 여러 종류의 자동인형을 만든 천재였다. 1738년 플루트

자크 드 보캉송(위)과 그가 만든 기계 오리

를 연주하는 자동인형을 파리 중심가의 호텔에 전시해 엄청난 성공을 거두었다. 나무로 만든 높이 1.7미터의 이 인형은 태엽을 감으면 사람처럼 플루트를 불었다. 1739년에는 두 개의 자동 기계를 추가로 전시했다. 하나는 한쪽 손이 북을 치는 동안 다른 손으로 피리를 연주하는 자동인형이고, 다른 하나는 기계 오리이다. 이 인공 오리는 살아 있는 오리처럼 물을 마시고, 음식을 소화시키며, 꽥꽥 소리 내어 울고, 물 위에서 첨벙대며 물장구를 칠 수 있었다고 한다. 무대 위에서 포도주를 석 잔까지 마셔 관객들의 탄성을 자아낼 만큼 파리의 대단한 구경거리였다는 기록도 있다. 내부의 기관은 모두 노출되어 있어 들여다볼 수 있었다.

　그러나 불행히도 오리 그 자체는 물론이고 오리의 제작 도면조차 남아 있지 않다. 다만 날갯죽지 하나가 400개 이상의 쿠폼으로 만들어졌으며, 한 번 파손되면 정상으로 회복시키는 데 4년 이상이 걸렸다고 한다.

　보캉송의 전성시대가 끝나 갈 무렵인 1769년 40대의 헝가리 사람인 콜프강 폰 켐펠렌(1734~1804)은 체스 두는 자동인형을 만들었다. 체스 두는 자동 기계는

보캉송의 책에 실린 자동인형의 판화(왼쪽부터 피리와 북 연주자, 기계 오리, 플루트 연주자)

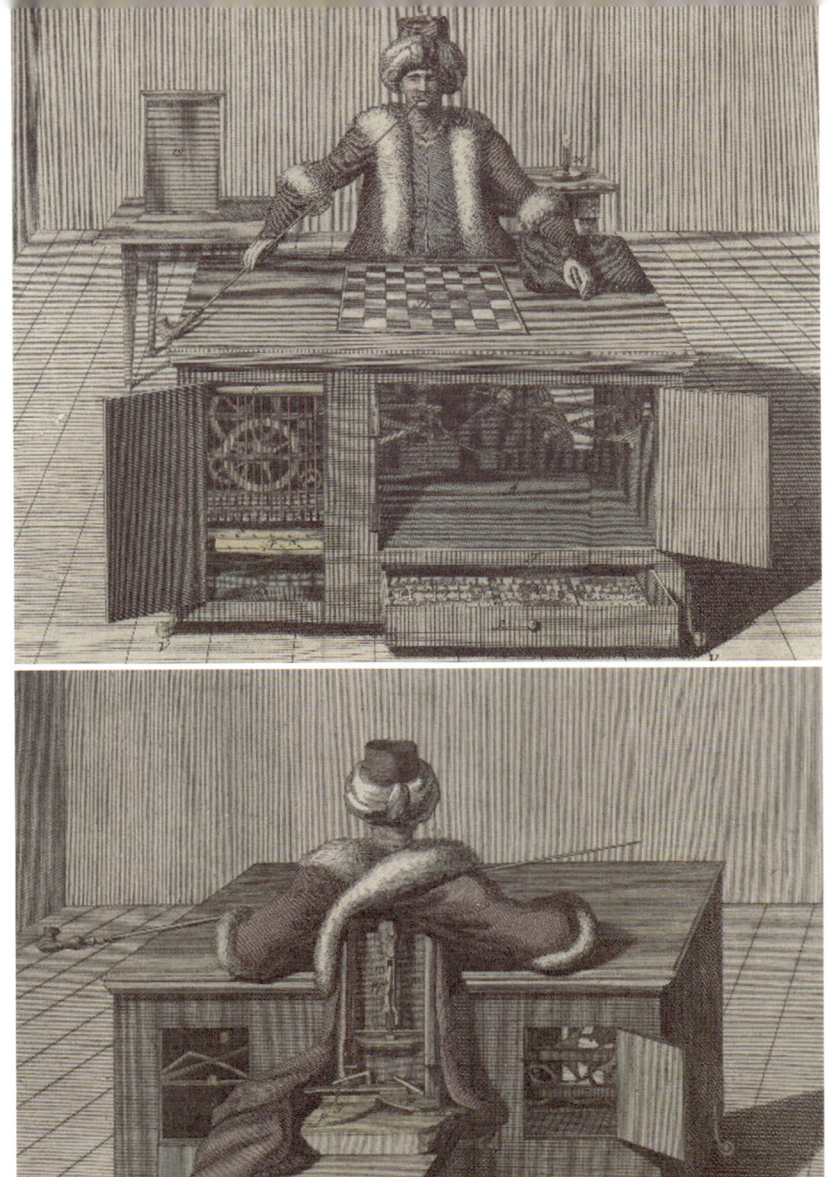

켐펠렌이 만든 체스 두는 자동인형의 앞모습(위)과 뒷모습(라크니츠의 책에 실린 삽화)

자케-드로 형제가 만든 자동인형. 왼쪽부터 스크라이브(필기자), 화가 인형, 풍금 연주 인형

커다란 체스판이 놓여 있는 나무상자 앞에 앉아 있는 남자의 목각상이다. 이 남자는 하얀 터번, 줄무늬가 있는 비단 셔츠, 모피가 달린 재킷, 흰 장갑을 낀 손, 늘어진 콧수염 등 영락없이 터키 사람처럼 생겼다. 켐펠렌과 이 자동인형은 유럽을 순회하면서 가는 곳마다 사람과 체스 시합을 하여 승리를 거두었다. 훗날 체스 두는 자동인형은 사람에 의해 조종되는 속임수 장난감인 것으로 밝혀졌다.

1770년 스위스 사람인 자케-드로 집안의 두 형제는 보캉송의 오리보다 더 복잡한 자동인형인 스크라이브(필기자)를 만들었다. 소년과 크기가 비슷한 이 인형은 책상 앞에 앉아 펜으로 스스로 잉크를 찍어서 종이 위에 마흔 개의 글자를 쓸 수 있었다. 드로 형제는 그림을 그리는 화가 인형과 풍금을 연주하는 자동인형도 만들었다.

19세기 초반의 대표적인 자동인형은 1846년 영국 런던에 전시된 유포니아이다. 독일의 천문학자 파베르 교수가 25년 동안 공들여 만든 말하는 인형이다. 수염 달린 터키 사람처럼 생긴 유포니아는 사람과 비슷한 목소리를 내며 웃거나 속삭일 뿐만 아니라, 노래를 부르고 사람과 질문을 주고받기까지 했다. 파베르가 독일어를 사용했기 때문에 독일어 악센트로 영어 발음을 할 만큼 정교하게 만들어진 인조인간이다.

1890년 발명왕 토마스 에디슨(1847~1931)은 말하는 인형을 만들었다. 여섯 개의 양철 조각으로 이루어진 이 인형의 몸 안에는 에디슨이 발명한 축음기가 들어 있다. 인형의 등에 있는 크랭크를 돌려 축음기 기계 장치의 태엽을 감는다. 여자 아이처럼 생긴 축음기 인형은 공장에서 대량생산되었다. 19세기 후반부터 사람의 손이 아니라 기계가 자동장치를 생산해 내게 됨에 따라 인조인간이 쏟아져 나오게 된 것이다.

에디슨의 말하는 인형(미국 월간지 〈사이언티픽 아메리칸〉 1890년 4월호 표지에 실린 삽화)

 앤티크 로봇 박물관

2004년 5월 서울의 대학로 뒷골목에 로봇 박물관이 문을 열었다. 백성현 명지전문대 교수가 10여 년 동안 40여 개국에서 제작된 로봇을 3,500여 점 수집하여 전시해 놓은 세계적으로 유일무이한 로봇 박물관이다.

전시된 앤티크(골동) 로봇 중에서 가장 역사가 오래된 것은 틴 맨의 그림이다. 틴 맨은 1900년 미국의 프랭크 봄(1856~1919)이 펴낸 동화인 『오즈의 마법사』에 나오는 양철 로봇이다. 이 그림에서 틴 맨은 얼굴과 몸통이 네모난 깡통 두 개로 구성된 로봇으로 묘사되어 있다. 어린이들의 사랑을 받는 피노키오의 모습도 눈에 띈다. 1881년부터 이탈리아 작가 카를로 콜로디(1826~1890)가 2년간 신문에 연재한 동화『피노키오의 모험』(1883)에서 피노키오는 장난꾸러기로 변신하는 나무 인형이다. 말하자면 피노키오는 사람을 닮은 최초의 동화 로봇인 셈이다. 1930년대 영국에서 만들어진 가장 아름다운 피노키오 인형의 오른손에는 사과가, 왼손에는 빛바랜 책 한 권이 놓여 있다. 2001년 일본에서 피노라는 이름으로 첨단 피노키오 로봇이 개발되었다.

1930년대 영국에서 만들어진 가장 아름다운 피노키오 인형

아톰, 마징가 제트, 그렌다이저, 건담, 배트맨, 슈퍼맨 등 외국의 로봇과 로봇 태권브이 등 한국 로봇이 없는 것 없이 모두 전시되어 있다. 한마디로 장난감 로봇의 천국이다.

섹시 로봇 또한 희귀한 전시품이 아닐 수 없다. 1978년부터 일본의 소라야마 하지메(1947~)는 여성의 성적인 매력과 율동성이 분출하는 로봇을 섹시 로봇이라고 이름 붙였다. 그는 프리츠 랑의 〈메트로폴리스〉 주인공인 마리아의 모습을 아름다운 몸매의 여성 로봇으로 새롭게 표현하고 섹시 로봇이라는 호칭을 붙여 준 것이다.

▸ 소라야마 하지메의 섹시 로봇

보캉송이 만든 기계 오리의 구조

18세기에는 유럽의 모든 대도시에서 사람이나 동물을 닮게 설계한 자동 기계가 눈에 띄었다. 그중에서 최고 걸작은 프랑스의 자크 드 보캉송이 만든 기계 오리이다. 1739년에 만들어진 이 기계 오리는 살아 있는 오리처럼 꽥꽥 소리 내어 울고, 물 위에서 물장구를 쳐서 사람들을 즐겁게 했다. 게다가 물과 포도주를 마시고, 음식물을 소화시켰다고 전해진다. 그리고 내부 기관이 모두 노출되어 있어 들여다볼 수 있었다고 한다.

2부 현대의 로봇
꿈은 현실이다

01 산업용 로봇
지루하고 더럽고 힘든 일을 맡긴다

생물처럼 스스로 움직이는 기계를 꿈꾸어 온 인류의 숙원을 해결하기 위하여 출현한 분야가 로봇 공학이다. 로봇을 개발하는 공학 기술이 태동한 시기는 제2차 세계대전 이후이다. 컴퓨터와 반도체 소자가 발명되었기 때문이다.

1946년 세계 최초의 디지털 컴퓨터인 에니악이 선보였다. 미국 육군이 수동으로 하던 탄도 계산 시간을 단축하기 위하여 펜실베이니아 대학 연구진들이 3년간 50만 달러를 투입해 완성한 에니악은 1만 8,000개의 진공관으로 구성되었으며, 그 무게가 30톤에 이르렀다.

1947년 미국의 벨 연구소에서는 트랜지스터가 발명되었다. 진공관 대신에 트랜지스터가 쓰임에 따라 컴퓨터는 점점 소형화됨과 아울러 성능은 비약적인 발전을 거듭하게 된다.

1954년 미국의 발명가인 조지 데벌(1912~)은 컴퓨터 프로그램으로

최초의 디지털 컴퓨터 에니악

기계의 동작을 제어하는 방법을 고안하여 특허를 출원하였다. 데벌의 프로그래밍 방법은 아주 간단한 것이었지만 현대 로봇을 탄생시킨 획기적인 아이디어로 평가된다.

먼저 숙련된 기술자가 어떤 작업을 하는 순서와 방법, 곧 프로그램을 컴퓨터에 기억시킨다. 컴퓨터는 기계에게 숙련공과 똑같은 동작으로 움직이도록 지시한다. 그 기계는 혼자서 숙련공처럼 작업을 할 수 있으므로 로봇이 되는 것이다.

1958년 데벌은 조지프 엥겔버거(1925~)와 함께 세계 최초의 로봇

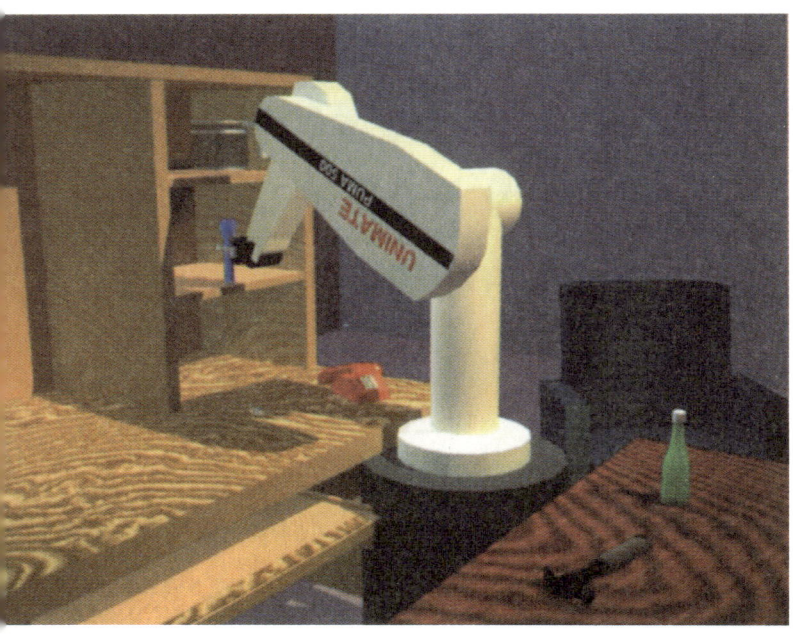

유니메이션의 산업용
로봇 퓨마

제조 회사인 유니메이션을 창업하고 프로그래밍 방법으로 작동하는 로봇 팔을 만들었다.

　초창기의 로봇은 사람을 닮은 데라고는 한 군데도 없었다. 머리도, 몸통도, 다리도 없이 단지 한쪽 팔만 달려 있었다. 그러나 로봇 팔은 사람의 팔처럼 관절을 갖고 있으므로 상하, 좌우, 전후 등 여러 방향으로 움직일 수 있었다. 로봇 팔의 끝 부분은 사람의 손에 해당된다. 로봇이 하는 일의 종류에 따라 여러 형태의 손을 바꿔 낄 수 있다. 가령 부피가 큰 물건을 집어 들어야 할 때는 큰 갈고리 손을 끼워 주고, 도장 작업을 할 경우에는 페인트를 뿌리는 분무 장치를 달아 준다.

로봇 팔은 1961년 미국의 자동차 회사인 제너럴 모터스 공장에서 처음으로 사용되었다. 로봇이 사람 대신 자동차 부품을 용접하고, 페인트칠을 하고, 조립하는 일에 사용됨에 따라 공장 자동화의 총아로 각광을 받기 시작했다. 이른바 산업용 로봇의 전성시대가 열린 것이다.

한편 1958년 집적 회로의 발명을 계기로 컴퓨터의 성능은 기하급수적으로 발전한다. 하나의 작은 실리콘 칩에 수많은 트랜지스터를 집어넣을 수 있게 되었기 때문이다. 1965년 집적 회로의 발명자이자 반도체 회사 인텔의 회장

퓨마 기술을 적용한 미국 항공우주국(NASA)의 로봇 팔

인 고든 무어(1929~)는 실리콘 칩에 집적되는 전자소자의 수량이 해마다 두 배씩 증가할 것이라고 예측하였다. 훗날 무어는 24개월마다 두 배가 될 것이라고 수정한다. 어쨌든 그의 예상은 적중하여 1965년에는 칩에 트랜지스터가 겨우 64개 들어 있었으나, 1999년 제품에는 2,800만 개가 집적되었을 정도이다.

1969년 인텔의 기술자인 마르시언 에드워드 호프(1937~) 박사는 열두 번째 사원으로 들어간 초년병이었지만 칩 한 개에 컴퓨터 한 대가 들어앉는 회로를 설계하였다. 최초의 마이크로프로세서가 도면 위에 탄생한 것이다. 1971년 인텔은 4비트의 마이크로프로세서를 생산하였다. 이것은 크기가 성냥갑만 했지만 무게가 30톤에 이른 에니악과 성능이 엇비슷할 정도였다.

1980년대 초에 소개된 2세대 로봇은 1세대 로봇과는 달리 힘이 필요한 일보다는 아주 정교한 작업을 처리했다. 이를테면 전자 제품 제조 현장에서 아주 작은 부품을 조립하거나, 제과 공장에서 과자를 상자에 차곡차곡 담아 포장하거나, 장난감 회사에서 레고 블록을 자유자재로 옮겨 제품의 품질을 검사하기도 했다.

하지만 2세대 로봇은 1세대 로봇처럼 작업 환경의 조건이 바뀌면 임무 수행이 불가능하기는 마찬가지였다. 사람처럼 외부 환경의 변화를 감지하여 적응하는 능력이 없었기 때문이다. 다시 말해 사람처럼 보고 듣는 지각 능력을 갖지 못했다.

그러나 1980년대 중반에 소개된 3세대 로봇부터는 약간의 지각 능력을 갖게 됨에 따라 스스로 환경의 변화에 적응하는 의사 결정을 할 수 있었다. 예컨대 유니메이션의 로봇인 퓨마는 시각과 촉각을 느끼는 능력이 있었기 때문에 사람에 버금가는 수준에서 자동차 부품의 식별과 조립 업무를 수행하였다.

이와 같이 산업용 로봇의 기능이 급속도로 향상됨에 따라 1970년대

일본의 산업용 로봇이 레고 블록을 옮기고 있다.

에 수백 대에 불과했던 로봇이 1980년대 후반에는 수십만 대로 증가하여 산업 현장의 노동자들에게 위협적인 존재로 부각되었다. 왜냐하면 로봇을 인간이 힘들어하는 '지루하고, 더럽고, 위험한' 일 또는 '뜨겁고, 무겁고, 위험한' 작업에 우선적으로 배치하여 종업원을 보호하려는 측면보다는 노무비 절감이나 노사 문제의 해결책으로 로봇을 사용하려는 기업주들이 늘어났기 때문이다. 로봇에게 일자리를 빼앗긴 노

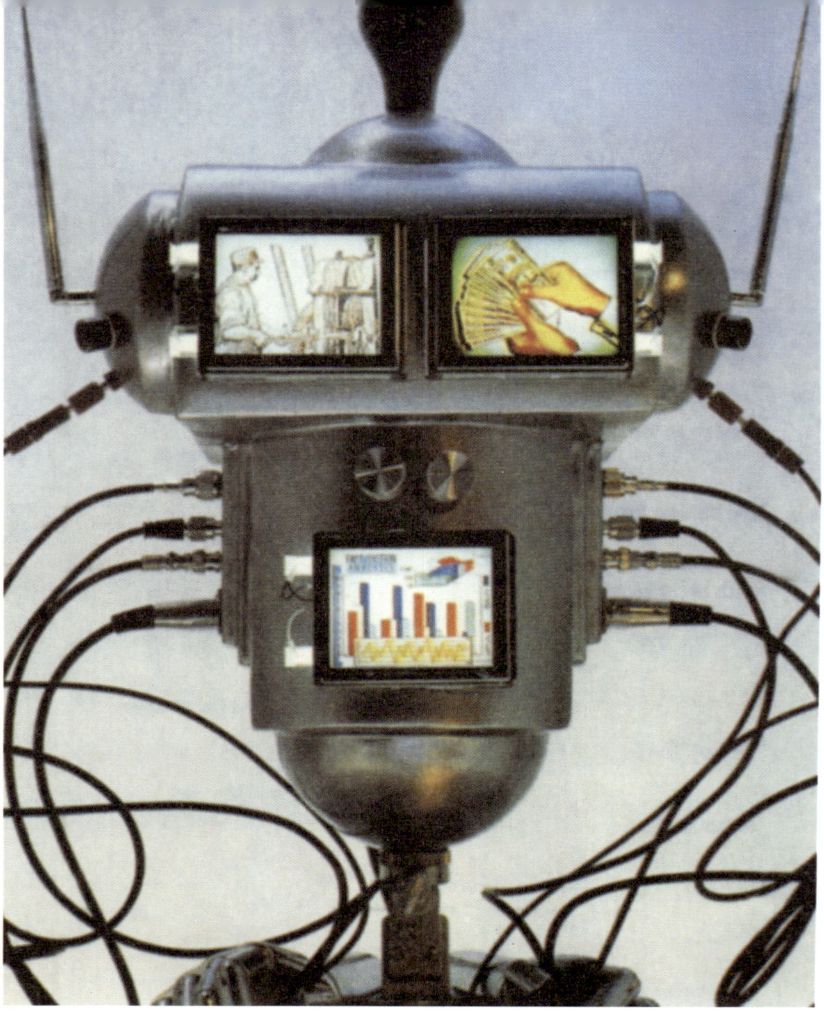

인간보다 똑똑한 기계의 시대가 오고야 말 것인가. "로봇처럼 똑똑한"이라는 말이 사용될 날이 멀지 않은 것 같다.

동자들의 실직 문제가 사회적 쟁점으로 떠오른 것이다.

    3세대 로봇이 수행하는 기능은 매우 다양하다. 오스트레일리아에서는 로봇으로 양털을 깎았으며 프랑스에서는 선박 몸체의 오물 세척과

70 나는 멋진 로봇친구가 좋다

페인트칠을 로봇에게 맡겼다. 미국의 어느 병원에서는 사람의 두개골에 구멍을 뚫는 수술에 로봇 팔을 수십여 차례 사용한 적이 있다. 미국 댈러스 시경은 1986년 아파트 안에 숨어 있는 흉악범을 로봇의 도움으로 체포했다.

그러나 3세대 로봇 역시 대부분 미리 설정된 순서에 따라 동작의 각 단계를 차례로 진행시키는 로봇이었기 때문에 여전히 사람처럼 복잡한 환경 안에서 자율적으로 행동하는 능력을 갖지 못했다. 요컨대 기계에 사람처럼 생각하는 능력을 집어넣는 인공 지능 기술이 부족하여 사람처럼 보고 듣고 말할 줄 아는 로봇을 개발하지 못한 것이다.

인공 지능은 사람이 지식과 경험을 바탕으로 하여 새로운 상황의 문제를 해결하는 능력, 시각 및 음성 인식 등의 지각 능력, 언어를 이해하는 능력, 자율적으로 움직이는 능력 등을 컴퓨터로 실현하는 기술이다. 한마디로 인공 지능은 기계에게 사람 뇌와 같은 인공 두뇌를 만들어 주는 컴퓨터 과학이다.

인공 지능 기술은 서로 상반된 두 가지 방식, 즉 상향식 방법과 하향식 방법으로 '생각하는 기계'를 개발한다. 1956년 미국에서 인공 지능이 독립된 연구 분야로 자리 잡았던 시절부터 30여 년간 대부분 하향식 방법을 사용하였으나 이 방법이 한계를 드러냈기 때문에 1980년대 후반부터 상향식이 그 대안으로 떠올랐다.

하향식은 컴퓨터에 보다 많은 지식과 정보를 저장시키고, 컴퓨터가 감지한 외부 환경의 정보와 비교하여 스스로 의사 결정을 하도록 한다. 따라서 컴퓨터가 지능적이기 위해서는 가급적 많은 지식을 보유하지 않으면 안 된다.

상향식의 대표적인 접근 방법은 신경망이다. 사람의 뇌 안에서 신경 세포가 정보를 처리하는 방식을 모방해서 설계된 컴퓨터 구조를 신경망이라고 한다. 따라서 신경망 컴퓨터는 사람의 뇌처럼 경험을 통하여 스스로 학습하는 능력을 갖게 된다.

하향식은 의사와 체스 선수 등 특정 분야 전문가들의 문제 해결 능력을 본뜬 컴퓨터 프로그램, 곧 전문가 시스템의 개발에는 성과를 거두었지만 보통 사람들이 일상생활에서 겪는 문제를 처리하는 능력을 프로그램으로 실현하는 데는 한계를 드러냈다. 아무나 알 수 없는 것(전문지식)은 소프트웨어로 흉내 내기 쉬운 반면에 누구나 알고 있는 것(상식)은 그렇지 않다는 사실이 밝혀진 셈이다. 왜냐하면 전문지식은 단기간 훈련으로 습득이 가능하지만 상식은 살아가면서 경험을 통해 획득한 엄청난 규모의 지식과 정보를 차곡차곡 쌓아 놓은 것이기 때문이다.

한편 신경망 기술로 사람의 뇌를 닮은 컴퓨터를 설계하려면 갈 길이 멀다. 왜냐하면 사람의 뇌의 기능에 대해 아직 밝혀지지 않은 것이 너무나 많기 때문이다.

인공 지능이 하향식이건 상향식이건 해결하지 못한 기술적 문제가 적지 않음에 따라 사람처럼 생각하고 움직이는 로봇의 개발은 21세기의 과제로 넘겨지게 될 수밖에 없었다.

 ## 사람과 컴퓨터의 맞대결

사람과 컴퓨터가 머리싸움을 하면 누가 이길까? 사람이 전문가 시스템인 체스 프로그램과 다섯 차례 싸운 적이 있다.

첫 번째 대결은 1997년 게리 카스파로프 (1963~)와 딥 블루의 명승부. 카스파로프는 러시아 출신으로 22세에 최연소 세계 챔피언에 올라 1,500년 체스 역사상 최고의 선수로 평가받은 인물. 딥 블루는 슈퍼 컴퓨터로 초당 2억 가지의 수를 읽는 능력을 보유했다. 전적은 6전 1승 3무 2패로 카스파로프의 패배. 인간과 기계의 첫 머리싸움에서 딥 블루가 승리함에 따라 온 세계가 경악했다.

그 뒤로 카스파로프와 그의 수제자가 여러 체스 프로그램과 시합을 가졌으나 세 차례 모두 무승부를 기록하여 명예 회복에 실패했다. 2005년 12월에 열린 다섯 번째의 대결에서는 5승 6무 1패로 컴퓨터가 일방적인 승리를 거두었다.

1997년 딥 블루와 체스 시합 중인 게리 카스파로프

02 원격 로봇
멀리서 마음대로 조종한다

텔레비전을 시청할 때 리모컨을 사용하면 매우 편리하다. 리모컨은 영어로 '원격 제어'의 준말이다. 떨어진 장소에 있는 장치를 간접적으로 작동시키는 기술을 원격 제어라 한다.

텔레비전처럼 가까운 곳에 놓여 있고 움직이지 않는 장치는 제어가 용이하다. 그러나 로봇처럼 끊임없이 움직이고 있는 기계를 먼 거리에서 사용자의 뜻대로 조종하는 것은 여간 어려운 일이 아니다. 이 경우의 제어를 특별히 '원격 조작'이라 일컫는다. 그리고 원격 조작이 되는 로봇은 '원격 로봇'이라 한다.

1979년 3월 미국 펜실베이니아 주 스리마일 섬의 원자력 발전소에서 사고가 났을 때처럼 원격 로봇의 필요성이 절실했던 적은 일찍이 없었다. 사람이 사고 현장에서 방사능에 오염된 물질을 제거하는 일은 매우 위험한 작업이었기 때문이다. 로봇 공학자들은 사람 대신 사고

스리마일 원자력 발전소

현장에 보낸 뒤에 멀리서 조종할 수 있는 로봇 개발에 나섰다.

　스리마일 원자력 발전소 사고가 난 뒤 3년 이상이 지난 1982년 8월에 비로소 무게 10킬로그램의 조그마한 로봇을 만들어 사고 현장에 보냈다. 작은 탱크처럼 생긴 이 로봇은 혼자서 발전소 안을 돌아다니면서 사진을 찍고 방사선을 측정하였다.

　그로부터 반년쯤 지난 뒤에 바퀴 여섯 개에 팔이 하나 달린 로봇을 만들었다. 무게가 200킬로그램인 이 로봇은 기계 팔을 사용해 무거운 물체를 2미터 높이까지 들어 올렸다. 이 로봇은 소방차처럼 물을 뿌려 사고 현장의 오염된 바닥과 벽을 청소하였다.

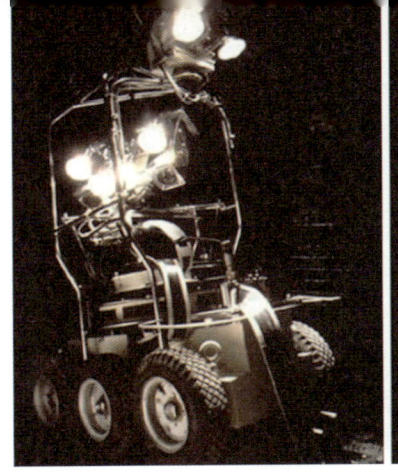
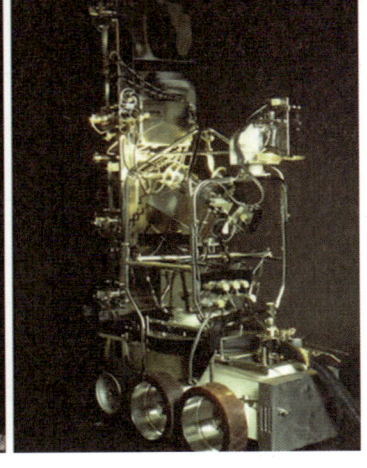

스리마일 원자력 사고 현장에 투입된 로봇

　1984년 11월에는 카네기 멜론 대학이 제작한 로봇을 사고 현장의 지하실에 처음으로 내려 보내 방사선 제거에 필요한 정보를 수집했다. 이어서 7미터까지 팔을 뻗을 수 있는 또 다른 로봇을 개발하여 지하실의 쓰레기를 제거하였다. 이 로봇으로 사고 현장에 사람이 접근해도 좋을 정도로 방사능 물질을 깨끗이 쓸어 냈을 때는 사고가 발생하고 거의 10년이 지난 뒤였다.

　모든 원격 로봇 시스템은 기본적으로 센서, 표시 장치, 제어 장치, 원격 도구, 통신 수단 등 다섯 가지 요소를 갖추고 있다. 센서와 원격 도구는 각각 원격 로봇의 눈과 손발에 해당되며, 표시 장치와 제어 장치는 사람이 멀리서 로봇을 조작할 때 사용된다.

　원격 로봇이 센서로 작업 상황과 주변 환경에 관한 정보를 수집하여 멀리 떨어져 있는 조종실로 보내면 표시 장치의 화면에 그대로 재현된다.

　조종실에서 상황에 따라 원격 로봇이 취할 행동을 결정하여 제어 장치, 곧 컴퓨터로 지시를 전달하면 로봇은 원격 도구를 사용하여 이를 행동에 옮긴다. 따라서 센서와 표시 장치, 그리고 제어 장치와 원격 도구 사이에서 정보를 전송해 주는 통신 수단의 역할이 중요하다.

원격 로봇 조작의 성패는 인간과 로봇 사이에 교환되는 정보의 특성에 달려 있다. 왜냐하면 조종실의 사람이 작업 환경에 대하여 생생하게 느낄수록 그만큼 정확하게 로봇을 제어할 수 있고, 로봇은

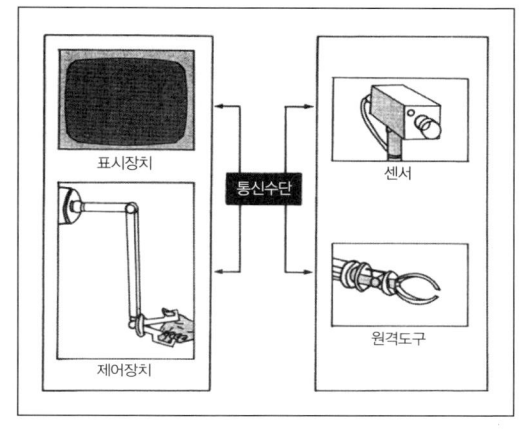

원격 조작 시스템의 기본 구성

조작하는 사람의 판단이나 지시를 생생하게 전달받을수록 그만큼 완벽하게 작업을 수행할 수 있기 때문이다.

따라서 센서가 수집한 영상이나 음향에 관한 정보는 물론이고 원격 로봇이 물체를 다룰 때 느끼는 촉감까지 조종실의 표시 장치에 재현할 수 있어야 한다. 로봇의 손에 입히는 인공 피부를 개발하는 것도 그 때문이다.

사람의 손이 물건을 만지거나 움켜잡는 원리를 모방한 인공 피부가 개발되고 있다. 로봇이 달걀을 깨뜨리지 않고 손에 쥘 수 있는 정도의 로봇 손이 개발된 지 오래이다. 로봇 손으로부터 촉감이 조작자에게 전달되면 로봇이 그 물체에 가하는 힘의 강도를 알 수 있으므로 효과적인 원격 제어가 가능해진다. 다시 말해서 로봇으로 하여금 조작자

의 의사대로 물체를 다루게 할 수 있으므로 조작자는 먼 거리의 물체를 자기가 직접 만지고 있는 듯한 느낌을 갖게 되는 것이다. 결과적으로 조작자는 자신의 손짓으로 로봇을 조종할 수 있게 됨에 따라 원격 로봇이 있는 곳에서 자신이 직접 작업을 하는 듯한 착각, 즉 자신이 그곳에 실제로 존재하는 것 같은 느낌을 갖게 되는 것이다. 이러한 또 다른 존재 감각의 경험을 원격 존재라 일컫는다.

원격 로봇은 인간의 접근이 불가능하거나 위험한 환경, 예컨대 원자력 발전소, 우주 공간, 깊은 바다 속 또는 사람의 몸 안에서 사람이 시키는 일을 처리한다. 이러한 환경에서 자율적으로 행동하는 로봇의 개발이 쉽지 않기 때문에 원격 로봇은 사람의 심부름꾼 노릇을 훌륭히 수행해 내고 있다.

원격 로봇의 가장 중요한 활동 무대는 바다 속이다. 하와이에 있는 미국 해군해양시스템센터는 실수로 바다에 빠뜨린 핵탄두를 건져 내기 위해서 원격 로봇 개발에 착수했다. 바다 속은 수압이 높아서 사람을 태운 탐색선으로 잠수가 가능한 수심에 한계가 있기 때문이다.

이 연구소는 1966년 원격 조작되는 수중 탐색선을 건조하여 지중해 밑바닥에서 수소폭탄을 찾아냈다.

이를 계기로 미국 해군해양시스템센터는 원격 조작 연구의 세계적 요람이 되었으며, 1983년 원격 로봇의 최고 걸작으로 손꼽히는 그린맨을 내놓았다. 그린맨은 사람처럼 생긴 원격 로봇이다. 마치 피리 소리에 맞춰 춤추는 코브라처럼 조작하는 사람의 행동을 거의 완벽하게 흉내 낼 수 있으므로 잠수부의 대역으로 안성맞춤이다.

해양 개발을 위해 원격 로봇이 하는 일은 한두 가지가 아니다. 해저 케이블의 매설에서부터 대륙붕의 탐사, 망간과 같은 귀중한 해저 광물의 채취, 해저 지도의 작성에 이르기까지 바다를 정복하려는 인류의 꿈을 실현시켜 주고 있다.

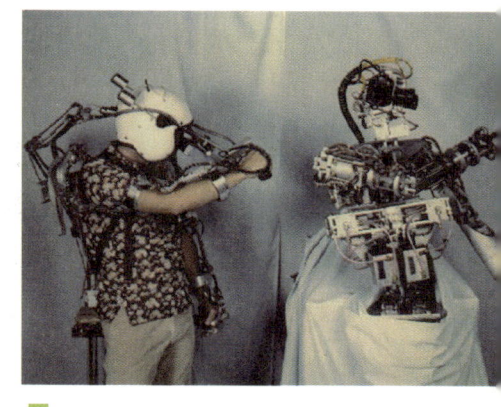

사람처럼 생긴 원격 로봇 그린맨

원격 조작 연구에 심혈을 기울이는 미국의 다른 기관은 항공우주국(NASA)이다. 무중력 상태의 우주 공간에서 사람 대신에 우주 정거장을 수리해 줄 로봇이 필요하기 때문이다. 또한 우주선 안에서 달이나 화성의 표면을 탐사하는 로봇을 조종해야 하므로 원격 조작 기술 개발에 막대한 자금을 지원하고 있다.

원격 로봇은 우리의 몸속에서도 활약이 크게 기대된다. 눈으로 식별하기 어려운 미세한 혈관이나 신경조직을 현미경으로 들여다보면서 수술하는 이른바 현미 수술에서는 마이크로 로봇이 의사의 손 노릇을 한다. 혈관 속에서 움직이는 이 원격 로봇은 의사의 손놀림에 따라 수술 도구를 작동한다. 현미 수술은 나노 로봇이 실용화될 경우 상상을 초월할 정도로 발전할 것 같다. 나노 로봇은 마이크로 로봇과 비교할 수 없을 만큼 작기 때문이다.

원격 로봇은 의료용뿐만 아니라 감각의 신경 보철에도 응용된다.

원격 조종으로 시각장애인을
인도하는 로봇 멜독

눈이나 귀의 결손된 감각 기능을 인공적인 방법으로 보완하는 것을 신경 보철이라 한다. 원격 로봇은 특히 시각 장애인에게 도움을 준다. 시각 장애인에게 길을 안내하는 인도견처럼 스스로 장애물을 피해 다니는 로봇이 좋은 본보기이다. 대표적인 맹인 인도용 로봇은 일본의 멜독이다.

이와 같이 원격 로봇은 인간을 위험으로부터 보호해 주고 생명을 보전해 주지만 인명을 살상하는 병기로 사용되는 어두운 측면을 갖고 있다. 무인 병기의 개발과 밀접하게 관련되어 있기 때문이다. 원격 조작되는 대표적인 무인 병기는 운전수 자리에 로봇 팔을 설치한 미국 육군의 무인 지프이다. 사람이 타지 않는 이 지프는 작전 지시에 따라 300킬로미터 안팎의 거리에서 정찰 임무를 수행하고 로봇 팔로 기관총을 발사할 수 있다.

원격 존재와 인터넷

원격 존재는 1979년 인공 지능 이론가인 미국의 마빈 민스키가 처음 사용한 용어이다. 그해 발생한 스리마일 원자력 발전소의 사고에 충격을 받은 민스키는 원격 조작 기술의 개발을 미국 정부에 제안하였다.

원격 존재 기술이 정보 통신망에 접목되면 먼 거리에 떨어져 있는 사람들이 마치 같은 장소에 있는 것처럼 의사소통을 하게 된다. 대표적인 예는 인터넷 2의 핵심 기능인 '텔레-이머전(원격 몰입)'이라고 불리는 원격 존재 기술이다.

인터넷 사용자가 폭발적으로 증가하면서 성능이 떨어짐에 따라 대안으로 개발되는 제2의 인터넷이 인터넷 2이다. 인터넷 2의 텔레-이머전 기능이 실현되면 사용자들은 원격 존재를 느끼게 되므로 갖가지 새로운 체험을 할 수 있다. 가령 멀리 떨어진 친구와 마치 한 방에 있는 것처럼 이야기꽃을 피울 수도 있고, 서울의 거실에 있는 신혼부부가 지중해로 가서 관광을 즐기는 듯한 착각을 하게 되기도 한다.

▬ 마빈 민스키

03 이동 로봇
스스로 돌아다니게 하고 싶다

로봇 개발의 초기에는 공장의 로봇 팔처럼 한곳에 고정된 상태로 작업하거나, 사람의 조종에 의해 이동하는 로봇이 대부분이었다. 따라서 사람처럼 스스로 여기저기 옮겨 다니는 로봇은 찾아보기 힘들었다.

로봇이 땅에서 움직이려면 바퀴, 캐터필러(무한궤도), 다리 같은 이동 수단이 필요하다.

세 가지 이동 방법 중에서 바퀴를 달아 굴러가도록 하는 것이 가장 간단하다. 바퀴를 사용하면 가장 빠르게 움직일 수 있고 방향을 바꾸기도 쉽다. 그러나 바퀴 로봇은 바닥이 울퉁불퉁한 곳에서는 잘 움직이지 못하며 계단이나 경사가 심한 곳은 오르지 못한다.

탱크처럼 캐터필러를 단 로봇은 비탈진 곳이나 바닥이 고르지 못한 곳에서 잘 움직일 수 있다. 그러나 캐터필러 로봇은 동작이 아주 느리며 계단을 잘 오르지 못한다.

곤충 로봇 아틸라

　다리가 달린 로봇은 사람처럼 두 다리로 걷거나 다른 동물처럼 네 다리, 곤충처럼 여섯 다리 또는 거미처럼 여덟 개의 다리로 움직인다. 이러한 이동 로봇은 이동 능력이 가장 뛰어나지만 만들기가 쉽지 않다. 특히 사람처럼 두 다리로 계단을 마음대로 오르내리거나 장애물을 넘어 다닐 수 있는 로봇을 개발하는 데는 해결해야 할 기술적 문제가 한두 가지가 아닙니다.

로봇이 두 다리로 사람처럼 걸어 다니려면 무엇보다도 자신이 어디에 있으며, 어디로 움직여야 하고, 주변에 무슨 일이 발생하고 있는지를 알고 있지 않으면 안 된다. 말하자면 로봇이 사람처럼 눈으로 보고, 머리로 생각하고, 다리로 이동하지 않으면 안 된다. 그러나 기동성이 뛰어난 보행 로봇은 로봇 공학이 풀어야 할 가장 큰 숙제로 남아 있다. 왜냐하면 로봇 공학이 오랫동안 전적으로 의존해 온 인공 지능 기술의 하향식 접근 방법에 근본적인 한계가 있기 때문이다.

방 안에서 돌아다니는 로봇을 인공 지능 기술로 개발하려면 먼저 로봇의 머리 안에 방의 지도를 기억시켜야 된다. 이 지도가 없으면 로봇이 이동할 때마다 위치를 확인하여 다음 동작을 취할 수 없기 때문이다. 또한 방 안에 있는 사물을 식별하는 특징에 관한 정보를 로봇에게 제공해야 한다. 로봇은 이동 중에 어떤 물체와 부딪히면 프로그램에 들어 있는 물체의 특징과 비교해서 그 물체의 정체를 확인하고, 그 물체의 위치를 지도에서 찾아낸 다음에 나아가야 할 행로를 결정한다.

이처럼 장애물을 인지하고 지도를 보면서 움직이는 능력은 이동 로봇이 갖추어야 할 최소한의 조건이다. 이러한 능력을 소프트웨어 프로그램으로 만들어 로봇의 머리에 넣어 주는 일은 여간 복잡한 과정이 아니다. 더욱이 방보다 훨씬 복잡하고 변화가 극심한 환경에서 움직이는 로봇을 만들 경우에는 이동 로봇의 머릿속에 그만큼 더 많은 정보를 집어넣어 주어야 되기 때문에 하향식 인공 지능 기술로 이동 로봇을 개발하는 데에는 애로 사항이 한둘이 아니었다.

인공 지능 기술의 한계로 침체에 빠진 이동 로봇 개발에 돌파구를 마련한 사람은 로드니 브룩스(1954~)이

로드니 브룩스

다. 호주에서 태어나 미국에 유학한 브룩스는 1984년부터 매사추세츠 공과대학에서 이동 로봇 개발에 전념하고 있다. 브룩스는 인공 지능의 하향식 접근 방법과는 달리 로봇의 머릿속에 방의 지도를 기억시킬 필요가 없는 새로운 설계 방식을 찾아내기로 작심하고, 곤충이 복잡한 환경 속에서 보여 주는 다양한 형태의 행동에 관심을 가졌다. 동물 행동학을 로봇 공학에 접목시킨 것이다.

1973년 노벨상을 받은 오스트리아의 콘라트 로렌츠(1903~1989)에 의하여 시작된 동물 행동학에서는 곤충의 복잡한 행동이 나타나는 까닭은, 한 행동의 결과가 다음에 시작되는 행동을 유발하는 방아쇠로 작용하기 때문이라고 설명한다. 이와 같이 서로 다른 단순한 행동이

콘라트 로렌츠

상호작용한 결과로 복잡한 행동이 출현하는 현상을 '창발'이라고 한다. 요컨대 동물 행동학의 기본 전제는 곤충의 복잡한 행동이 의식적인 통제가 없는 상태에서 자율적으로 창발한다는 것이다.

창발은 인공 생명의 핵심이 되는 개념이다. 인공 생명은 '생물체의 특성을 나타내는 행동을 보여 주는 인공물의 연구'라고 정의된다. 말하자면 살아 있는 것 같은 행동을 보여 줄 수 있는 인공물의 개발을 겨냥하는 컴퓨터 과학이다.

동물 행동학의 영향을 받은 브룩스는 '방 안에서 걷지 못하는 천재보다는 곤충처럼 들판을 헤집고 다니는 천치'를 만들어 낼 계획이었다. 이른바 곤충 로봇을 설계하는 접근 방법으로 내놓은 브룩스의 아이디어는 로봇 공학의 고정관념을 송두리째 뒤흔들어 놓았다. 그는 이동 로봇의 복잡한 행동을 여러 계층으로 나눈 다음에, 가장 낮은 계층의 행동에서 출발하여 시시각각 변화되는 환경에 따라 더 높은 계층의 행동으로 옮겨갈 때 일어난 행동의 결과가 다른 행동을 유발하도록 설계하였다. 이를테면 곤충 로봇은 먼저 주변 환경을 직접 확인하여 장애물이 없으면 앞으로 나아가지만 도중에 장애물이 나타나면 멈추게 된다. 곤충처럼 반사적인 행동을 하게 되는 것이다. 이와 같은 과정이 계속되면서 그 전 행동의 결과를 포섭함으로써 그다음 계층의 로봇 행동이 제어되므로 '포섭 구조'라고 명명하였다. 포섭이란 말은 어떤 것을 더 크고 포괄적인 것의 내부에 포함시키거나 위치시키는 행위를 의미한다.

1986년 브룩스는 포섭 구조를 제안하여 인공 지능과 로봇 공학의 전통적인 개념을 거의 초토화시킨 것으로 평가된다.

브룩스가 포섭 구조로 설계한 대표적인 곤충 로봇은 징기스와 아틸라이다. 바퀴벌레처럼 괴상한 모양의 징기스는 무게가 1킬로그램에 불과하지만 여섯 개의 다리, 두 개의 수염, 여섯 개의 눈이 달린 훌륭한 이동 로봇이다. 징기스보다 더욱 정교하게 만든 아틸라는 곤충 로봇의 최고 걸작이다. 처음에는 길이가 똑같은 여섯 개의 다리를 가졌지만 바퀴벌레의 걸음걸이를 본떠서 길이가 서로 다른 세 쌍의 다리로 교체해 주면 다섯 배 정도 빨리 달릴 수 있을 것으로 예상된다.

로봇의 이름에 동양에서 유럽을 침공한 정복자인 몽고족의 징기스칸(1162~1227)과 흉노족의 아틸라(406?~453)를 붙인 까닭은 곤충 로봇의 저돌성을 강조하기 위한 것으로 알려졌다.

곤충 수준의 지능을 가진 로봇에 대해 그 쓰임새를 의심하는 사람들이 적지 않다. 그러나 브룩스는 수백만 달러를 들여 인공 지능 기술로 개발한 로봇보다 아틸라가 훨씬 더 화성 탐사에 적합하다고 반박한다. 수백만 달러짜리 로봇 한 대보다는 값싼 아틸라 수백 개를 화성에 보내는 편이 여러모로 유리하다는 주장이다.

　브룩스의 동료들은 한 걸음 더 나아가 모기 크기의 로봇을 화성 탐사에 보내게 될 날을 학수고대한다. 수백만 개의 모기 로봇이 민들레 꽃씨처럼 바람에 실려 화성에 착륙한 뒤에 메뚜기처럼 뜀박질하면서 여기저기로 퍼져 나가 개미와 같은 사회적 곤충처럼 협동하여 우주를 탐사할 것으로 믿고 있는 것이다. 로봇의 집단으로부터 사회적 행동이 창발하는 것을 '떼 지능'이라 한다.

　브룩스의 연구팀에서 흘러나온 서류에는 그들의 꿈이 다음과 같이 묘사되어 있다.

　귀하의 텔레비전 화면 위에 살면서 먼지를 닦아 내는 초소형 로봇, 접시 씻는 기계에서 물이 쏟아지기 전에 접시의 음식 찌꺼기를 긁어 내는 약간 큰 로봇, 집 안 구석까지 청소를 도맡는 생쥐 크기의 로봇, 정원을 관리하는 개만큼 큰 로봇, 물과 전기를 제공하는 댐을 쌓는 하마 로봇이 떼 지어 몰려다닐 날이 멀지 않았습니다.

 떼 지능

떼 지능은 개미, 흰개미, 꿀벌, 장수말벌 따위의 사회성 곤충에서 보편적으로 나타나는 행동이다. 가령 개개의 개미는 집을 지을 만한 지능이 없다. 그럼에도 불구하고 개미 집합체는 역할이 서로 다른 개미들의 상호작용을 통해 훌륭한 보금자리를 만든다. 이와 같이 하위 수준(낱낱의 개미)에는 없지만 상위 수준(개미의 집합체)에서 자발적으로 돌연히 출현하는 행동이 떼 지능이다.

곤충 로봇, 특히 모기 로봇으로 우주 탐사를 꿈꾸는 사람들은 개미 집단에서 떼 지능이 창발하여 보금자리를 만들 수 있게 되는 것처럼, 로봇 집단에서 떼 지능이 출현하여 우주 탐사 임무를 성공적으로 수행할 수 있을 것으로 확신하고 있는 것이다.

흰개미집

포섭 구조와 곤충 로봇 아틸라

로드니 브룩스 교수는 이동 로봇의 복잡한 행동을 여러 계층으로 나눈 다음에, 가장 낮은 계층의 행동에서 출발하여 시시각각 변화되는 환경에 따라 더 높은 계층의 행동으로 옮겨갈 때 일어난 행동의 결과가 다른 행동을 유발하도록 설계하였다. 이를테면

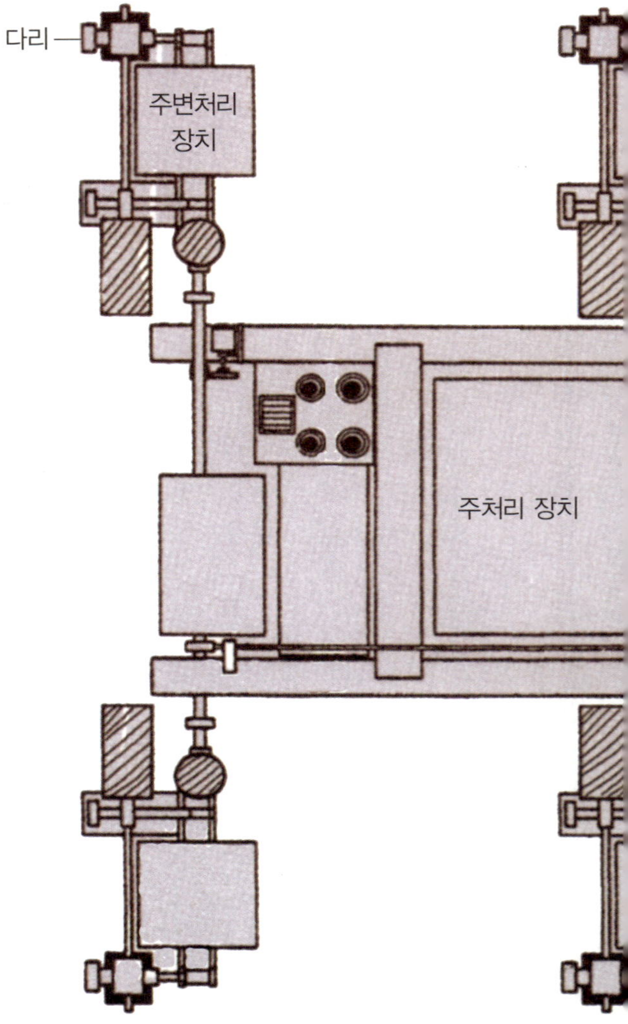

다리 —

주변처리 장치

주처리 장치

곤충 로봇은 먼저 주변 환경을 직접 확인하여 장애물이 없으면 앞으로 나아가지만 도중에 장애물이 나타나면 멈추게 된다. 곤충처럼 반사적인 행동을 하게 되는 것이다. 이와 같은 과정이 계속되면서 그 전 행동의 결과를 포섭함으로써 그다음 계층의 로봇 행동이 제어되므로 '포섭 구조'라고 명명하였다. 아틸라는 포섭 구조로 만들어진 곤충 로봇의 최고 걸작으로 여겨지고 있다.

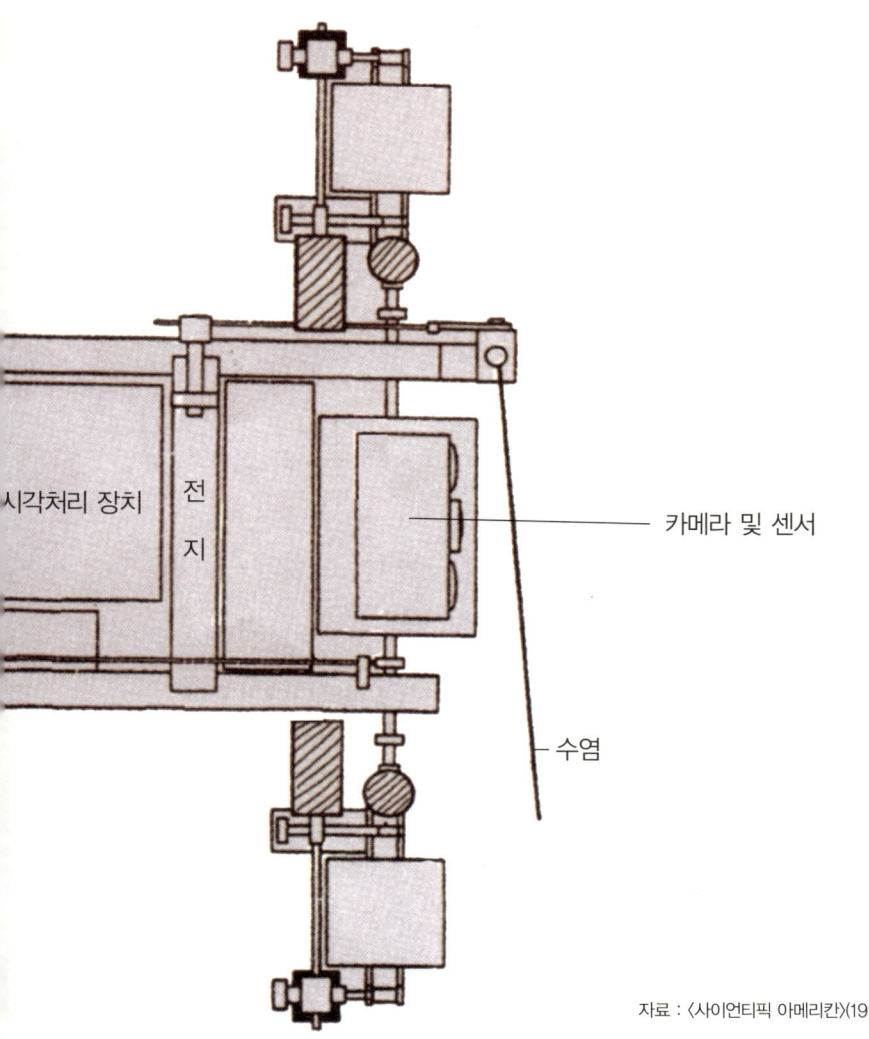

자료 : 〈사이언티픽 아메리칸〉(1991년 7월호)

04 휴머노이드 로봇
사람을 닮은 기계를 만든다

　로봇 연구의 궁극적인 목표는 사람처럼 생기고 행동하는 로봇, 곧 휴머노이드(인간형) 로봇을 개발하는 데 있다. 로봇 공학의 초창기에는 산업용 로봇의 제작에 주력했기 때문에 극소수의 휴머노이드 로봇이 개발되었을 따름이다.

　세계 최초로 사람 크기의 휴머노이드 로봇을 개발한 인물은 일본 와세다 대학의 이치로 가토 교수이다. 그는 1973년 와봇(와세다 로봇) 1호를 내놓았다. 초보적인 시각 능력과 음성 합성 능력을 갖춘 로봇이었다. 1984년 가토는 기능이 향상된 와봇 2호를 발표했다. 모양과 크기가 사람과 비슷하게 생긴 와봇 2호는 악보를 읽어 열 손가락과 두 발로 풍금을 연주할 수 있다. 또한 청각 기능이 있어 가수의 노랫소리에 따라 반주 속도를 스스로 조절한다.

　가토는 1994년 사망했으나 와세다 대학은 지속적으로 휴머노이드

 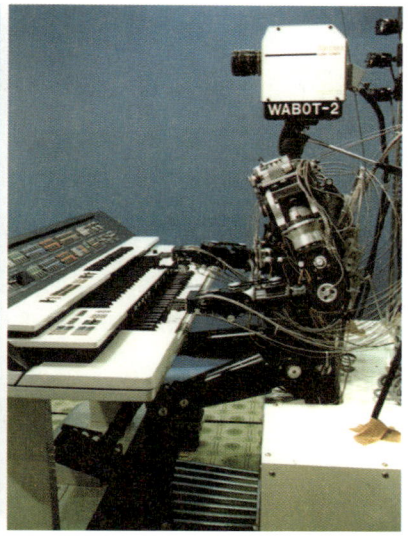

세계 최초의 사람 크기 휴머노이드 로봇 와봇 1호(왼쪽)와 와봇 2호

로봇을 개발했다. 대표적인 로봇은 와비안, WE-4R, WF-4이다. 와비안은 '와세다의 두 발로 걷는 휴머노이드'라는 뜻이다. 이름 그대로 사람처럼 생긴 와비안은 걸을 뿐만 아니라 춤까지 출 수 있다. 1970년대 초부터 개발된 와비안은 30여 년에 걸쳐 세대가 바뀌면서 다양한 기능이 추가되고 있다. 2003년 선보인 WE-4R은 즐거움, 슬픔, 분노, 공포, 혐오감, 놀람, 평온한 마음 등 일곱 가지 감정을 느낄 줄 알 뿐만 아니라 표현할 수도 있다. 또한 보고, 듣고, 감촉을 느끼며, 냄새를 맡을 수도 있다. WF-4는 전문가 뺨치게 플루트를 연주하는 휴머노이드 로봇이다.

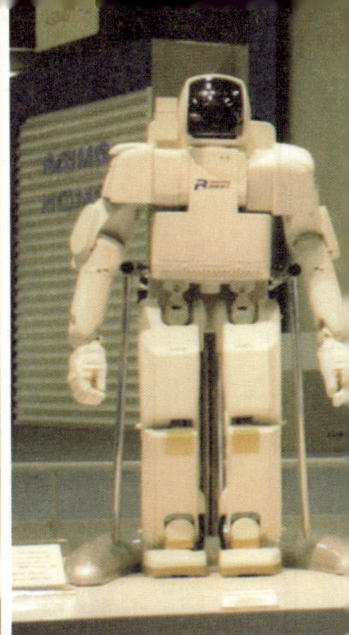

혼다의 P1, P2, P3(왼쪽부터)

　와세다 대학의 강력한 경쟁자는 혼다자동차이다. 10여 년에 걸쳐 수백만 달러를 투입하며 철저한 보안 속에 사람처럼 두 발로 걷는 실물 크기의 휴머노이드 로봇을 개발했다. 1996년 전격적으로 공개된 혼다의 P2(프로토타입 2)는 일부에서 그 안에 사람이 들어 있을 것이라고 의심할 정도로 사람처럼 걸어 다닌다. 세계 최초로 사람의 보행을 구현해 낸 이 로봇은 키 180센티미터, 무게 210킬로그램이다. 이듬해인 1997년에는 보다 개량된 P3를 발표한다. 우주 비행사처럼 생긴 P3는 키 160센티미터에 무게 130킬로그램으로 두 발로 걷고 문을 여닫으며 층계를 오르내릴 수 있다. 최고 보행속도는 시속 2킬로미터이다.
　2000년 11월 혼다는 P3의 뒤를 잇는 야심작인 아시모를 출시했다.

아시모

애완용 로봇 SDR-3X

키 120센티미터에 몸무게가 43킬로그램인 아시모는 두 발로 평지가 아니라도 사람처럼 균형을 잡고 걸을 수 있으며 춤까지 춘다. 아시모는 도쿄의 과학 미래관에서 연봉 2억 원을 받고 안내 도우미로 일하기도 했다.

2000년 11월에 전자 업체인 소니 역시 SDR-3X라 불리는 휴머노이드 로봇을 발표했다. 키 50센티미터에 무게 5킬로그램인 SDR-3X는 사람의 목소리를 알아듣고 일본 사람들처럼 90도로 허리를 굽혀 인사할 줄도 안다. 음악에 맞춰 한 발로 춤을 추고 축구공을 차는가 하면, 스트레칭 체조도 하는 애완용 로봇이다.

2003년 12월 소니는 휴머노이드 로봇인 큐리오를 선보였다. 키 60센티미터, 무게 7킬로그램의 두 발 로봇인 큐리오는 한 다리로 서

휴머노이드 로봇 95

한 다리로 서고 점프도 할 수 있는 소니의 큐리오(위). 2004년 3월 9일 공개 리허설에서 큐리오가 사상 최초로 도쿄 필하모닉 오케스트라의 베토벤 5번 교향곡 연주를 지휘했다.

일본의 오뚝이 로봇은 앞뒤로 넘어져도 스스로 일어날 수 있다.

기도 한다. 1분에 14미터를 달리며 넘어지면 혼자 일어난다. 100분의 4초라는 짧은 시간이지만 공중으로 뛰어오를 수도 있다. 공을 차거나 춤을 출 수 있다. 2004년 3월 큐리오는 도쿄 교향악단의 연주를 지휘하여 음악 애호가들의 탄성을 자아냈다.

오뚝이 로봇은 물론 큐리오가 처음은 아니다. 2003년 2월 일본 산업기술종합연구소는 앞뒤로 넘어져도 스스로 일어서는 휴머노이드 로봇을 세계 최초로 개발하여 공개했다. HRP2 프로토타입이라 불리는 이 오뚝이 로봇은 키 154센티미터에 무게는 58킬로그램이다.

혼다와 소니가 각각 아시모와 큐리오를 앞세워 휴머노이드 로봇 기술을 전 세계에 과시하고 있는 가운데 일본의 다른 연구소에서 여러 종류의 인간형 로봇이 개발되고 있다. 대표적인 것은 영어로 '다이내믹 브레인(역동적인 두뇌)'을 줄여서 디비(DB)라 불리는 로봇이다. 디비는 키 190센티미터에 몸무게 90킬로그램이며 눈이 두 개이다. 디비를 개발하는 목표는 사람 팔의 유연성과 능숙함을 재현할 수 있는 로봇 팔을 만드는 데 있다. 이러한 팔 덕분에 디비는 손바닥 위에 막대기를 세우고 2~3시간 동안 균형을 유지할 수 있다. 보통 사람은 30초를 넘기기 어렵다. 또한 다른 로봇들이 프로그램에 따라 춤추는 것과는 달리 디비는 사람이 춤추는 모습을 관찰한 다음에 성공할 때까지 반복해서 그 행동을 흉내 낸다.

일본에 와세다 대학이 있다면 미국에는 매사추세츠 공과대학이 있다. 이 대학에서 휴머노이드 로봇 개발을 진두지휘하는 인물은 곤충 로봇 개발로 유명한 로드니 브룩스 교수이다. 그는 자신이 제안한 포섭 구조를 적용하여 코그를 개발하고 있다.

1986년 브룩스가 내놓은 포섭 구조는 로봇의 뇌, 곧 중앙 통제 장치가 모든 의사 결정을 내리는 전통적인 하향식 접근 방법을 철저히 거부한다. 전통적인 로봇 공학에서는 로봇이 걸을 때 뇌가 무릎이나 발목에 어떻게 구부려야 하는지 명령을 내린다. 하지만 포섭 구조 로봇은 무릎이나 발목에 센서와 컴퓨터가 달려 있어서 이러한 조그마한 컴퓨터가 관절들에게 움직임을 지시한다. 요컨대 중앙 통제 장치인 뇌는 무릎이나 발목의 움직임에 전혀 관여하지 않는다. 브룩스는 이처럼 상향식 개념인 포섭 구조를 적용하여 외부 환경에 자율적으로 반응하는

로드니 브룩스와 코그

곤충 로봇을 만든 것이다. 포섭 구조는 미국 나사(NASA)의 화성 탐사 로봇인 소저너에도 채택되었다.

1993년부터 개발되고 있는 코그는 머리와 두 팔, 그리고 상체만으로 이루어져 있으며, 매우 무거운 발판에 고정되어 있다. 높이는 86센티미터의 발판을 포함하여 172센티미터 정도 된다. 코그는 사람의 눈을 본뜬 장치를 이용하여 대상에 초점을 맞추고 대상을 향해 팔을 뻗을 수 있으며, 자신의 동작을 수정할 수 있다. 브룩스는 코그가 언젠가는 6개월 정도 된 아기의 지능을 갖게 되기를 희망하고 있으나 오랫동안 엄청난 노력을 쏟아 부었음에도 불구하고 만족할 만한 성과를 내지 못한 상태이다. 브룩스는 일부 실망하는 사람들에게 어린 아기의 마음을 흉내 내는 데 그만큼 많은 노력이 투입되었다는 사실은 그만큼 사람의 지능을 갖춘 휴머노이드 로봇의 개발이 어렵다는 것을 증명해 주는 것이라고 강조한다. 이런 맥락에서 코그는 로봇 공학의 지대한 관심사가 되고 있다.

코그를 개발하는 브룩스 교수의 인공 지능 연구실에서는 얼굴 로봇인 키스멧을 만들고 있다. 키스멧은 '숙명'이라는 뜻의 터키 말이다. 높이 38센티미터의 키스멧은 사람과 의사소통을 하고 감정을 이해할 뿐만 아니라 자신의 감정을 얼굴 표정으로 드러낼 줄도 안다.

분홍색 귀와 고무 입술을 가진 키스멧은 즐거움, 슬픔, 노여움, 두려움, 혐오감 등 정서 상태와 놀람, 평온함, 피곤함 또는 흥미를 느끼는 마음 등 다양한 감정을 나타낼 수

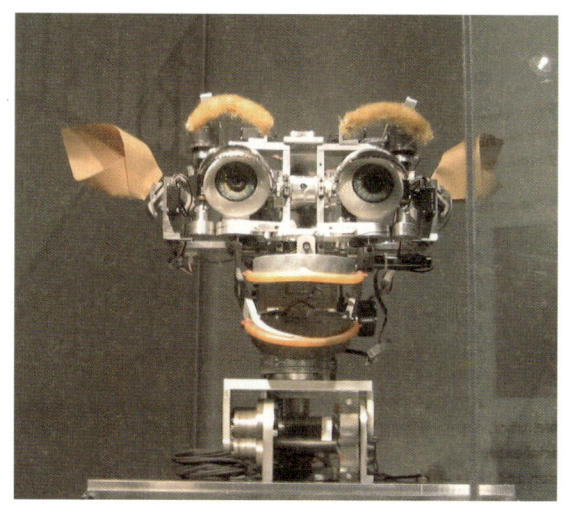

기쁜 표정을 짓고 있는 키스멧

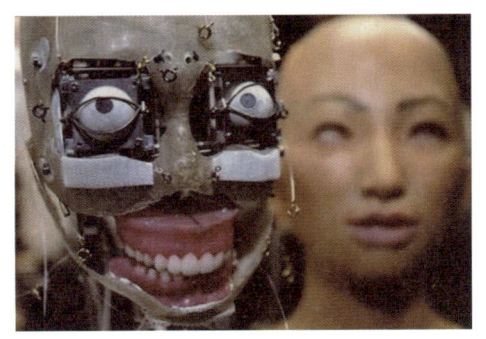
일본의 얼굴 로봇 사야

있다. 키스멧은 삐죽거리기도 하고 얼굴을 찡그리기도 하며 화를 낼 줄도 안다. 키스멧은 방문자를 발견하면 흥미로움과 반가움에 가득 찬 표정을 짓는다. 방문자가 키스멧의 얼굴 가까이에 손을 흔들면 귀찮아하는 표정을 짓지만, 매우 밝은 색깔을 보여 주면 미소를 짓는다. 그러나 키스멧에게 아무 얼굴도 보여 주지 않으면 혼자 남겨졌다는 외로움 때문에 마치 슬픔에 잠긴 듯한 표정을 짓는다.

일본의 도쿄 이과대학에서도 사야라고 명명된 얼굴 로봇을 개발하고 있다. 2003년 4월 7일 우주 소년 아톰의 탄생일에 맞춰 일본 요코하마에서 개최된 세계 최대 규모의 로봇 전시회에 출품된 사야는 까만 눈을 뜨고 하얀 이를 드러내며 미소를 짓는다. 실리콘으로 만든 피부 밑에는 근육처럼 움직이는 형상 기억 장치가 들어 있으므로 사야는 이러한 얼굴 표정을 만들어 낼 수 있다. 이 여자 로봇은 까만 가발을 쓰고 화장을 자주 한다.

아톰 열풍으로 온통 흥분의 도가니인 일본 열도에서 열린 이 로봇 전시회에는 와세다 대학의 WE-4R과 WF-4가 함께 출품되어 인간형 로봇 시대가 성큼 다가왔음을 확인할 수 있었다.

한국의 휴머노이드 로봇

우리나라에서 최초로 개발된 휴머노이드 로봇은 센토이다. 1999년 한국과학기술연구원(KIST)의 김문상(1957~) 박사가 개발한 센토는 사람 상체의 유연한 기능을 구현하기 위하여 제작된 인간형 로봇의 상체부이다. 두 팔, 두 손, 허리, 목의 기능을 갖고 있다. 머리 부분에는 청각 기능의 음성 인식 장치, 입 기능을 구현하는 턱 움직임이 가능한 음성 발생 장치가 장착되었으며 2대의 스테레오 카메라가 사람의 두 눈 기능을 대신한다. 로봇 손은 모터로 구동되는 3개의 손가락으로 구성되어 있으며 다양한 물체를 잡을 수 있다. 로봇 상체의 무게는 손과 머리를 포함하여 약 50킬로그램 정도이다.

센토의 개발자 김문상 박사와 로봇 센토(오른쪽)

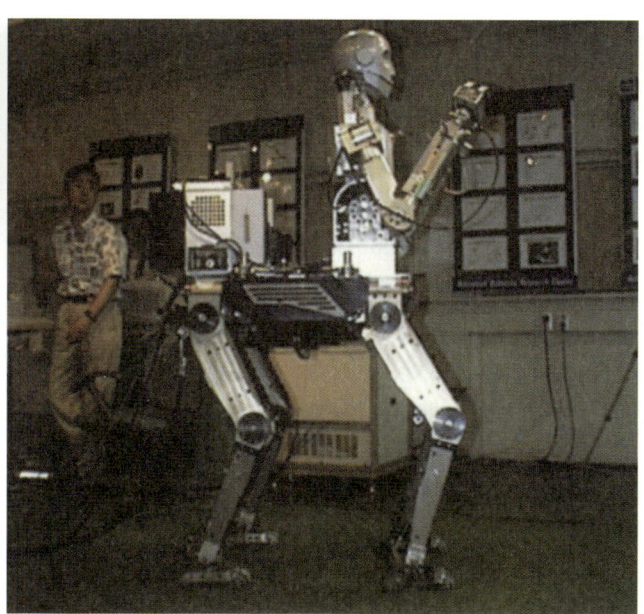

자료 : 한국과학기술연구원 김문상 박사

2001년 5월 한국과학기술원(KAIST)의 양현승(1953~) 교수는 국내 최초로 사람처럼 몸통을 갖춘 휴머노이드 로봇을 개발했다. 남자 로봇인 아미는 키 150센티미터에 15개의 관절로 구성되고 바퀴로 굴러 다닌다. 사람의 말을 알아듣고 대화가 가능하며 사람의 얼굴도 150명 정도 기억할 수 있다. 또한 가슴에 달린 스크린을 통해 사람과 비슷하게 기쁨과 슬픔 등을 표현할 수 있다. 두 팔로 물건을 집어 운반하는 능력을 갖고 있다. 장애물이 있는 환경에서도 안전하고 자유롭게 움직일 수 있다.

2002년 11월에는 아미의 여자 친구인 아미엣이 태어났다. 아미엣은 120센티미터의 키에 19개의 관절로 만들어졌으며, 바퀴를 사용해 사람처럼 빠르고 유연한 몸동작을 구사할 수 있다. 겉모양이 매우 우아하게 생겼으며 아미와 유사하게 감정을 나타낸다. 또한 무용수들과 함께 음악에 맞춰 춤을 출 줄도 안다.

아미는 2001년 김대중 대통령과 악수를 나누었으며, 2002년에는 아미엣과 함께 음악회 등 텔레비전 방송 프로그램에 출연했다. 2003년에 아미는 대구 유니버시아드 대회의 성화를 봉송했고, 프로야구 올스타 시합의 시구식에서 노무현 대통령에게 공을 전달하기도 했다.

개발자 양현승 박사(위쪽부터), 아미와 아미엣, 노무현 대통령과 악수하는 아미

2004년 12월 카이스트의 오준호(1954~) 교수는 휴보를 발표했다. 두 발로 자유롭게 걷는 국내 최초의 휴머노이드 로봇이다. 키는 아시모보다 커서 125센티미터이며, 몸무게는 55킬로그램으로 43킬로그램인 아시모보다 무겁지만 훨씬 날씬한 몸매를 지녔다. 아시모처럼 전후좌우로 자유롭게 움직이며 악수도 할 수 있다. 아시모는 손가락 다섯 개가 한꺼번에 움직이지만 휴보는 손가락을 따로 움직여 가위바위보를 할 수가 있다.

로봇 휴보와 개발자인
오준호 교수(가운데)

아미와 휴보는 어떻게 생겼을까?

➡ 아미 AMI

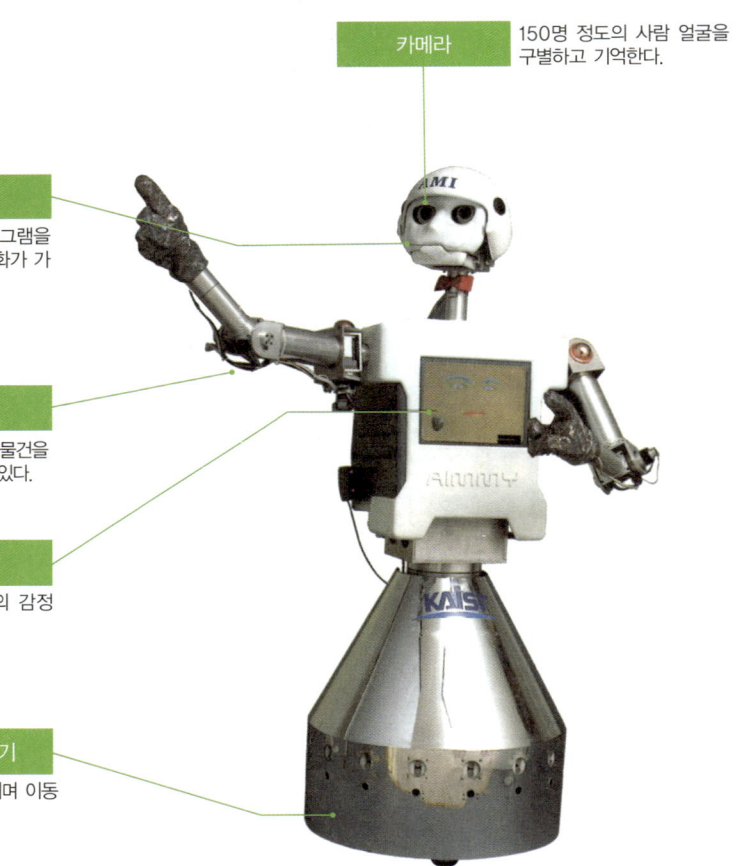

카메라 — 150명 정도의 사람 얼굴을 구별하고 기억한다.

스피커 — 음성 처리 프로그램을 통해 사람과 대화가 가능하다.

팔 — 두 팔과 손으로 물건을 집어 운반할 수 있다.

스크린 — 기쁨·슬픔 등의 감정을 나타낸다.

이동 제어기 — 바퀴로 굴러다니며 이동한다.

➡ 휴보 HUBO

CCD카메라
2대의 카메라가 장착되어 있으며 각각 따로 움직인다.

손
5개의 손가락이 독립적으로 움직이며 1개의 모터로 1개의 손가락을 구동한다.

배터리
몸통 내부에 장착되어 있으며 1회 충전으로 90분 동안 동작 가능하다.

관성 센서
몸통 내부에 장착되어 있으며 앞뒤/좌우의 기울어짐을 측정한다.

힘/모멘트 센서
발바닥과 발목 사이에 장착되어 지면의 반력을 측정한다.

경사 센서
발바닥에 장착되어 지면의 기울어짐을 측정한다.

자료 : 한국과학기술원

아미의 속이 궁금하다

자료 : 한국과학기술원 양현승 교수

➡ 아미의 행동 구조도

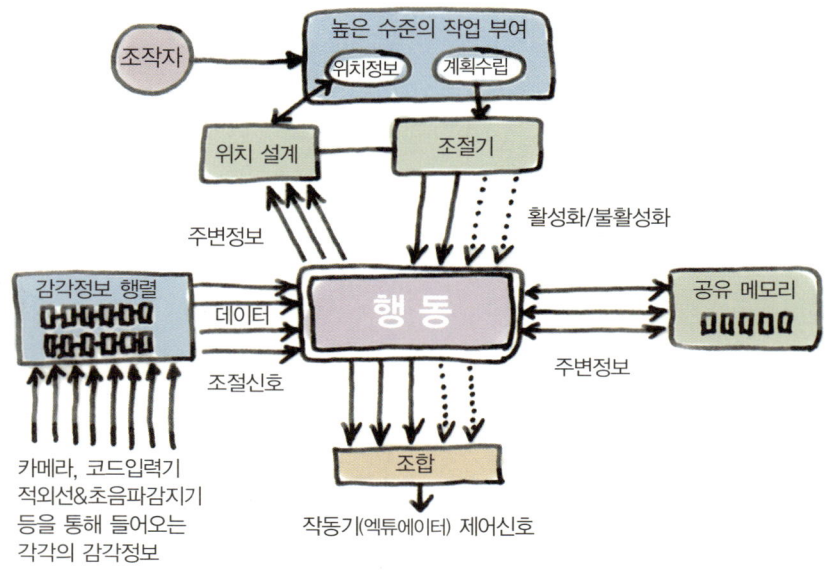

➡ 아미의 하드웨어 구조

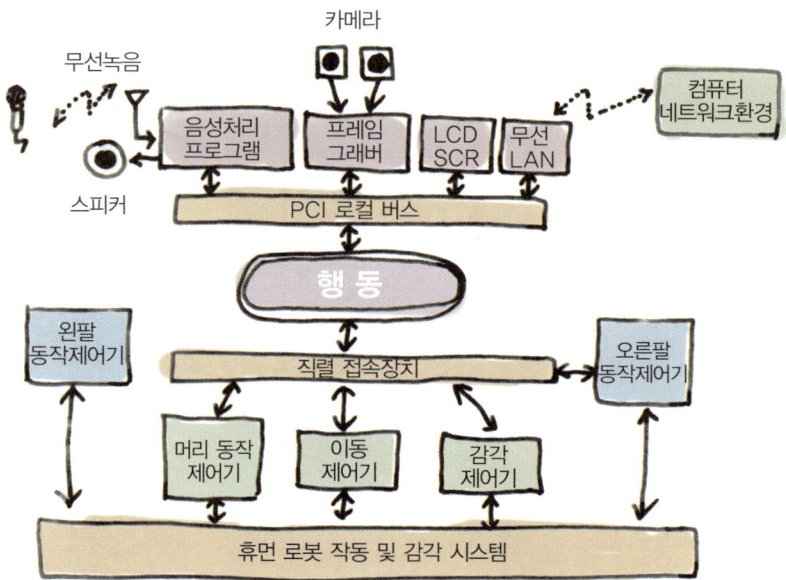

휴보는 어떤 원리로 걸을 수 있을까?

➡ 휴보의 동작 개념도

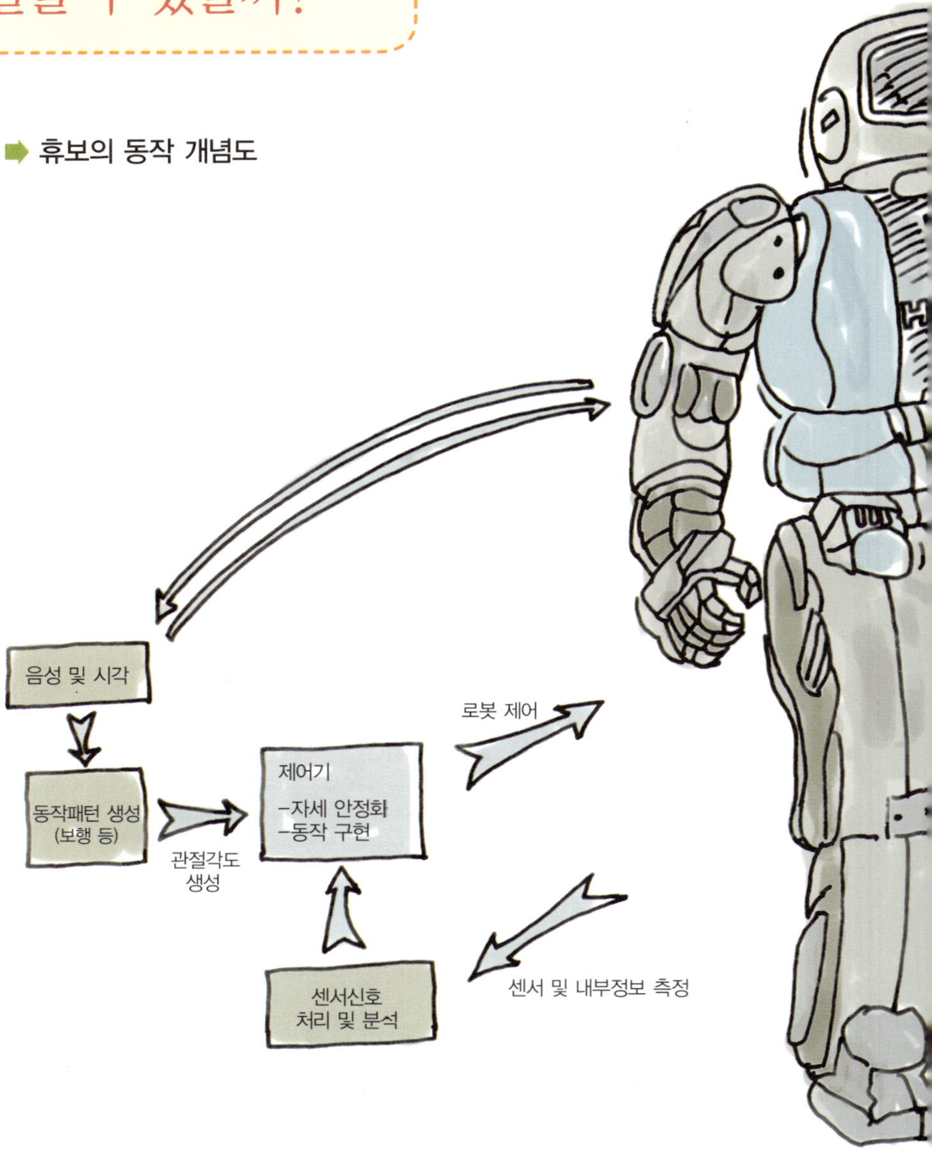

- 음성 및 시각
- 동작패턴 생성 (보행 등)
- 관절각도 생성
- 제어기
  - 자세 안정화
  - 동작 구현
- 로봇 제어
- 센서신호 처리 및 분석
- 센서 및 내부정보 측정

➡ 휴보의 하드웨어 구조(분산 제어 방식)

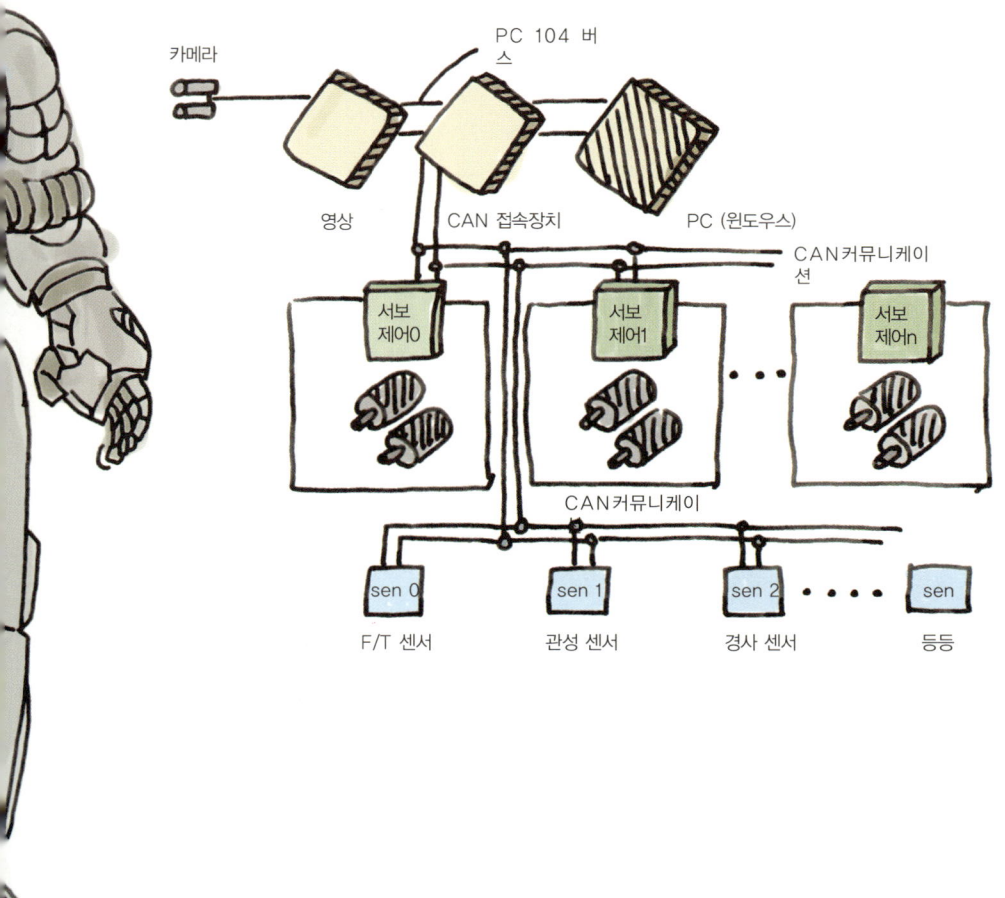

자료 : 한국과학기술원 오준호 교수

05 동물 로봇
생물의 행동을 모방해 보자

 울퉁불퉁한 땅 위를 자유자재로 걸어 다니는 보행 로봇, 물속에서 잠수부처럼 능숙하게 작업을 하는 수중 로봇, 하늘을 마음껏 날아다니는 비행 로봇을 꿈꾸는 로봇 공학자들은 생물의 행동을 모방하여 갖가지 종류의 로봇을 개발하고 있다.
 생물의 기능을 모방하여 생체와 유사한 기능을 가진 기계를 인공적으로 만드는 연구를 '생물 모방 과학'이라 한다.
 따라서 로봇 공학자들과 생물학자들은 공룡, 긴팔원숭이, 뱀, 바닷가재처럼 큰 동물에서부터 거미, 지네, 바퀴벌레, 나비처럼 작은 동물에 이르기까지 다양한 형태의 동물 로봇을 개발하기 위해 함께 연구를 하고 있다.
 비행 로봇의 선구자인 미국의 폴 맥크레디(1925~2007)는 1980년대 후반에 익룡을 절반 정도의 크기로 본뜬 로봇을 만들었다. 익룡은

폴 맥크레디와 그가 만든 비행 로봇

6,500만 년 전에 살았던 날개 달린 파충류이다. 이 로봇은 신문 홍보를 위한 시험비행 도중에 추락하여 산산조각이 나고 말았다.

   로봇 공학자들이 생물 모방 과학이란 말을 들어 보기도 훨씬 전인 1970년대 중반에 동물을 본뜬 로봇을 개발한 인물은 일본 도쿄 공업 대학의 시게오 히로세(1947~) 교수이다. 그는 뱀의 움직임을 연구하여 땅 위를 구불거리며 움직이는 바퀴 달린 로봇을 개발했다. 뱀 로봇의 길이는 2미터이고 20개 마디를 갖고 있다. 히로세는 뱀 로봇이 지하에 매설된 배관을 검사하는 데 활용되기를 바랐다.

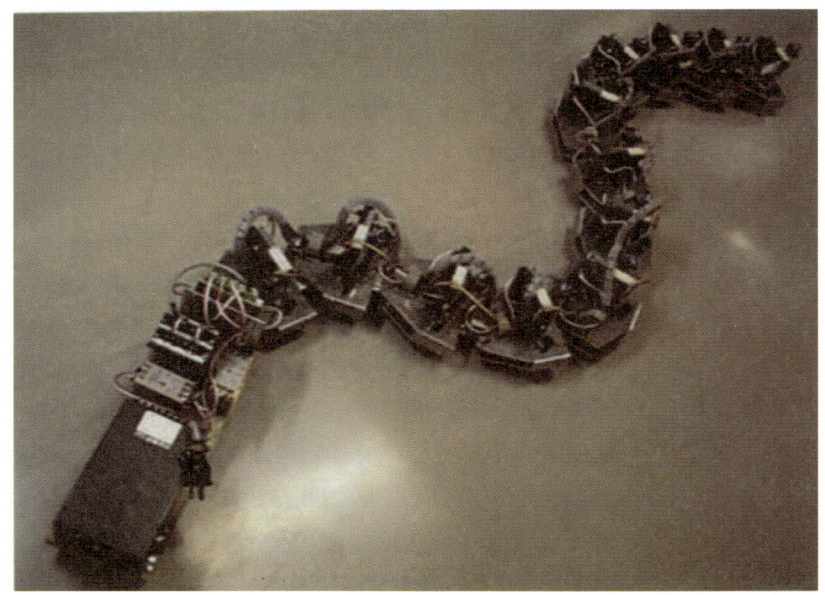
뱀 로봇

　생물학자 중에서 로봇 공학자들에게 가장 많은 도움을 주는 사람은 미국의 로버트 풀이다. 풀 박사는 게코(도마뱀붙이), 바퀴벌레, 게 등의 움직임을 연구하였는데, 이를 토대로 다양한 동물 로봇이 개발되었다.
　게코는 발가락 끝에 있는 특이한 털 때문에 발을 아래로 내리고 위로 떼어 내면서 벽이나 천장에 달라붙을 수 있다. 게코의 발바닥을 모방하여 벽에 붙어 있을 수 있는 로봇이 개발되었다.
　로버트 풀처럼 생물의 행동을 연구하는 학자들은 다리가 많이 달린 절지동물에 각별한 관심을 갖는다. 지구상의 동물 중에서 가장 종류가 많은 것은 몸이 마디로 이루어진 절지동물이기 때문이다. 절지동물에는 딱정벌레, 개미 따위의 곤충류, 거미나 전갈 등 거미류, 게와 새우 등 갑각류, 지네 따위의 다족류가 있다. 이들은 다리의 수가 서로 다르다. 곤충류는 6개, 거미류는 8개, 갑각류는 10개, 다족류는 10개 이상이다. 지네는 무려 44개의 다리를 갖고 있다.

로봇 공학자들은 절지동물이 다리를 움직이는 방법을 로봇에 응용하기 위해 개미에서부터 지네에 이르기까지 다양한 걸음걸이를 연구하고 있다. 가장 많이 연구되는 것은 곤충의 걸음걸이이다. 곤충이 걸을 때 여섯 개의 다리가 움직이는 모양을 관찰한 결과 한 가지 놀라운 사실이 발견되었다. 다리의 움직임을 일괄적으로 제어하는 메커니즘을 갖고 있지 않다는 사실이 확인된 것이다. 다시 말해서 곤충의 다리는 제각기 독자적인 제어 메커니즘을 갖고 있다. 각 다리의 제어 장치는 다리 자체의 위치, 이웃한 다른 다리의 위치와 움직임에 따라 다리의 움직임을 조절한다. 그러므로 곤충은 울퉁불퉁한 곳에서 자유자재로 걷거나 달릴 수 있는 것이다. 한두 개의 다리가 잘려 나간 뒤에도 벌레들이 땅바닥을 잘 기어 다닐 수 있는 이유가 설명된 셈이다.

로봇 연구자들이 가장 본뜨고 싶어 하는 곤충은 미국 바퀴이다. 이 바퀴벌레는 지구상에서 가장 빠른 곤충이다. 초당 150센티미터의 속도로 달린다. 1초에 몸길이의 50배가 되는 거리를 간다는 뜻이다. 사람이 이 속도를 내려면 시속 320킬로미터로 달리지 않으면 안 된다.

이 바퀴벌레의 걸음걸이를 관찰한 결과 모양이 서로 다른 세 쌍의

거미 로봇 리머

다리를 달아 주면 로봇의 보행 속도를 끌어올릴 수 있는 것으로 밝혀졌다.

　미국에서는 여러 대학에서 바퀴벌레를 본뜬 로봇을 개발한다. 로드니 브룩스가 있는 매사추세츠 공대를 비롯하여 스탠포드 대학, 미시간 대학, 케이스 웨스턴 리저브 대학에서 특유의 바퀴벌레 로봇을 개발하고 있다. 특히 스탠포드 대학과 미시간 대학은 로버트 풀의 바퀴벌레 연구 결과를 활용한다.

　절지동물을 연구하는 로봇 공학자들의 최종 목표는 결코 바퀴벌레 로봇이 아니다. 거미나 게처럼 생긴 로봇은 물론이고 심지어는 지네처럼 44개의 다리를 가진 로봇의 개발까지 궁리한다. 1992년 카네기 멜론 대학에서는 거미처럼 여덟 개의 다리를 가진 로봇인 단테를 개발했다. 2004년 스탠포드 대학과 나사 기술자들은 거미처럼 생긴 로봇인 리머를 선보였다. 리머는 사람의 도움을 전혀 받지 않고 자력으로 암벽 등반이 가능하다. 나사 측은 리머가 단테처럼 훗날 화성 탐사에 활용될 것으로 기대하고 있다.

게의 경우 다리는 5쌍이며 한 쌍의 큰 집게발로 먹이를 잡는다. 게는 대부분 헤엄을 치지 못하며 옆으로만 걷는다. 주로 모래밭에서 사는데, 해변으로 밀려와서 부서지는 파도 속으로 뛰어들어 땅 위에서처럼 물속에서도 계속 달리기를 할 수 있다. 미국 해군이 개발 중인 에이리얼은 게의 행동을 흉내 내어 만든 수중 로봇이다. 에이리얼은 만화 영화인 〈인어공주〉의 주인공 이름이다. 높이 9센티미터, 길이 55센티미터, 무게 11킬로그램인 에이리얼은 잠수부처럼 바다 속에 뛰어들어 기뢰를 찾는 임무를 수행한다. 에이리얼은 로버트 풀의 게 연구에서 영감을 얻어 개발되었다.

바닷가재나 칠성장어가 먹이를 발견하고 확인하는 운동 능력을 본뜨는 자율적인 수중 로봇도 연구되고 있다. 미국에서 개발된 바닷가재 로봇은 높이 20센티미터, 길이 61센티미터, 무게 2.9킬로그램이다. 물 속의 기뢰 제거에 사용될 계획이다.

긴팔원숭이나 공룡처럼 큰 동물의 행동을 모방한 로봇 역시 연구가

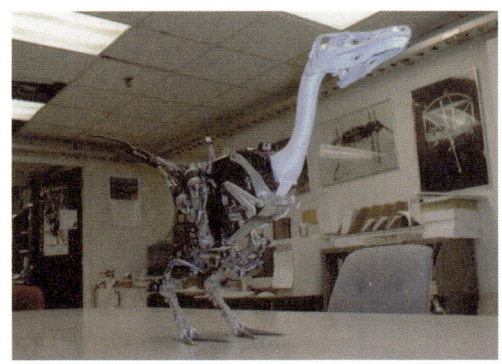

육식 공룡 트루돈을 모방한
공룡 로봇 트루디

진행되고 있다. 일본의 브래키에이터 3는 긴팔원숭이의 '브래키에이션'을 흉내 내는 로봇이다. 브래키에이션이란 긴팔원숭이가 나무 위에서 양손을 번갈아 잡아 가면서 몸을 흔들며 이동하는 동작을 의미한다. 브래키에이터 3는 긴팔원숭이처럼 줄에 매달린 채로 양손을 번갈아 가며 재빠르게 이동한다. 이 로봇의 높이는 80센티미터, 무게는 10킬로그램이다.

미국의 트루디는 백악기의 육식 공룡인 트루돈을 모방한 공룡 로봇이다. 트루디는 높이 46센티미터, 길이 122센티미터, 무게 4.5킬로그램의 보행 로봇이다. 트루디는 박물관 안에 전시된다. 두 발 달린 로봇 공룡이 박물관 안을 배회하고 다니면 관람객들은 이 로봇을 조종하면서 공룡이 지구를 지배하던 백악기를 상상할 수 있기 때문이다.

무릇 로봇의 뇌는 컴퓨터 기술로 만들어야 한다고 생각하는 것이 상식이 된 지 오래이다. 그런데 디지털 기술을 완전히 무시하고 아날로그

기술로 동물 로봇을 만든 별난 로봇 기술자가 나타났다. 미국의 마크 틸든이다. 틸든은 단 한 개의 마이크로프로세서도 쓰지 않고 오로지 트랜지스터, 센서, 모터 등으로 로봇을 제작했다. 디지털 기술로 만든 여느 로봇들과는 달리 틸든의 로봇들은 복잡한 프로그램 대신에 아날로그 회로를 갖고 있지만 장애물을 만나면 제멋대로 여기저기를 밀어붙이며 뚫고 지나가려고 노력한다. 예컨대 손바닥 크기의 이동 로봇인 유니버그 3.2는 싸구려 부품들만으로 제작되었음에도 불구하고 아주 얕은 물속이나 깊숙한 모래밭에서도 넘어지지 않고 성큼성큼 걸어갈 수 있다.

마크 틸든

밥 먹고 힘쓰는 로봇

가스트로놈

사람의 도움을 받을 수 없는 상황에서 작업 중인 로봇이 지속적으로 활동하려면 무엇보다도 사람처럼 음식을 먹고 스스로 자신의 에너지를 만들어 내야 하지 않을까.

2000년 미국에서 선보인 가스트로놈은 '미식가'라는 이름대로 음식을 소화하여 스스로 동력을 만드는 세계 최초의 로봇이다. 이 로봇의 주식은 위장에서 미생물에 의해 완전 분해되어 찌꺼기를 거의 남기지 않는 각설탕이지만 가장 이상적인 에너지원은 열량이 높은 육류이다.

가스트로놈은 길이 1미터의 4륜차 3대로 구성된다. 앞부분의 4륜차에는 눈, 입, 식도, 위장이 있다. 위장은 대장균으로 음식을 분해하는 미생물 연료 전지이다. 위장에서 분해된 각설탕 분자는 물과 이산화탄소로 바뀐 뒤 배터리를 충전하는 전자를 방출한다. 두 번째 4륜차에는 축전지가 있다. 축전지가 충전되면 에너지가 발생하여 모두 12개의 바퀴를 움직여 전진할 수 있다. 세 번째 4륜차에는 산화 용액 펌프가 있다. 가스트로놈은 사람이 음식을 먹여 주어야 하지만 스스로 밥을 먹게 될 것으로 전망된다.

2004년 영국에서 개발된 에코봇 2 역시 배터리가 아닌 음식물로 에너지를 얻는 로봇이다. 에코봇 2는 여덟 개의 미생물 연료 전지를 갖고 있다. 각 연료 전지에는 하수 오물이 채워져 있다. 여기에 죽은 파리를 한 마리씩 집어넣는다. 오물에서 바글거리는 박테리아들이 파리를 먹어 치운다. 박테리아가 배출하는 효소가 파리 몸통의 표면을 덮고 있는 껍질, 곧 키틴질을 분해하면 설탕이 생긴다. 박테리아는 이 당분자를 섭취하고 노폐물을 배설한다. 이 과정에서 박테리아는 전자를 방출하는데, 이 전자가 전류를 발생시키게 된다. 말하자면 위장에 해당하는 연료 전지가 파리를 소화시켜 에너지를 만들어 내는 것이다. 에코봇 2는 여덟 마리의 파리, 즉 각 미생물 연료 전지에 파리가 한 마리씩 공급되면 5일 동안 움직일 수 있다.

에코봇 2

가스트로놈이 밥 먹고 힘쓰는 원리

로봇이 밥을 먹는다? 2000년 미국에서 만들어진 가스트로놈은 음식을 먹고 소화시켜 스스로 동력을 만드는 세계 최초의 로봇이다. 위장 역할을 하는 미생물 연료 전지에서 각설탕 분자를 물과 이산화탄소로 분해하여 배터리 충전용 전자를 방출시킨다. 이 전자가 에너지를 발생시킨다.

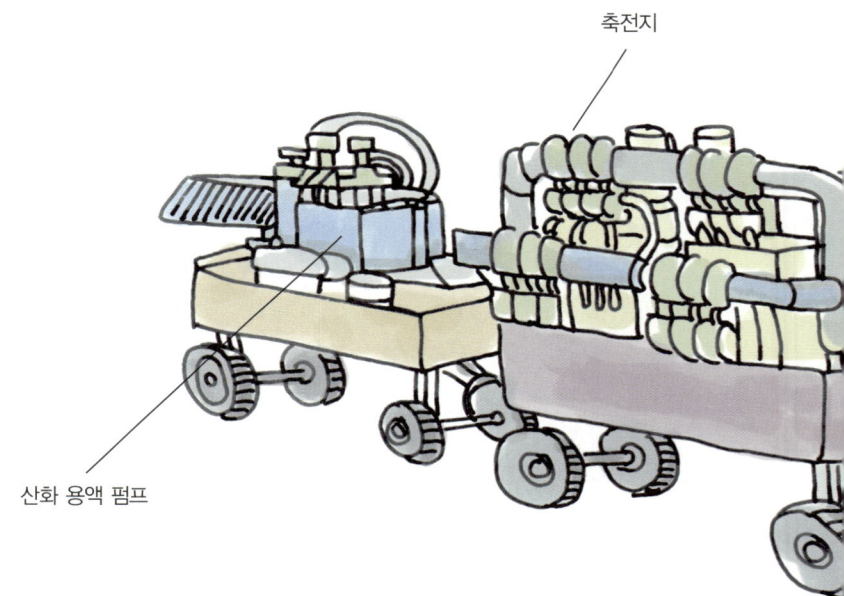

축전지

산화 용액 펌프

자료 : www.eng.usf.edu/~wilkinso/gastrobotics

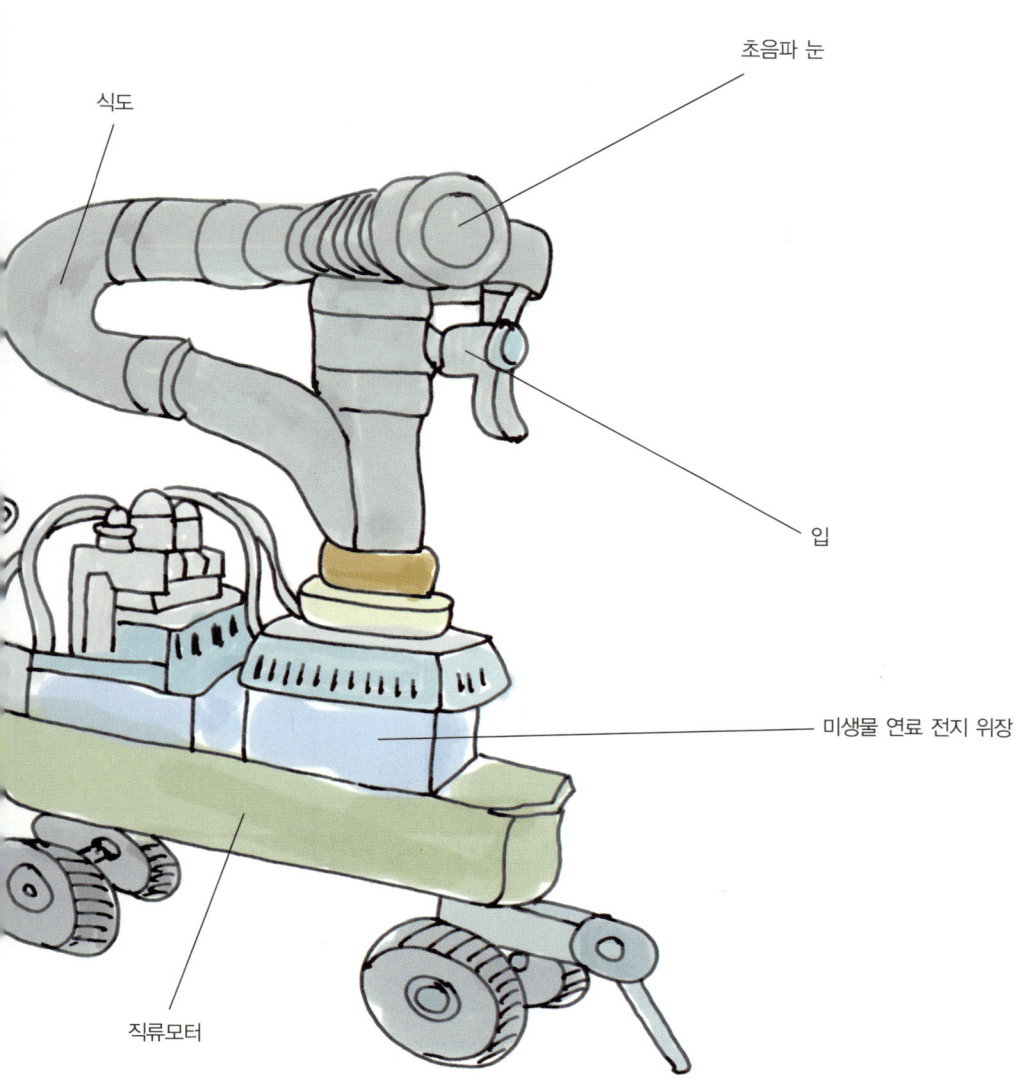

➡ 가스트로놈의 위장 '미생물 연료 전지'의 기본 작용

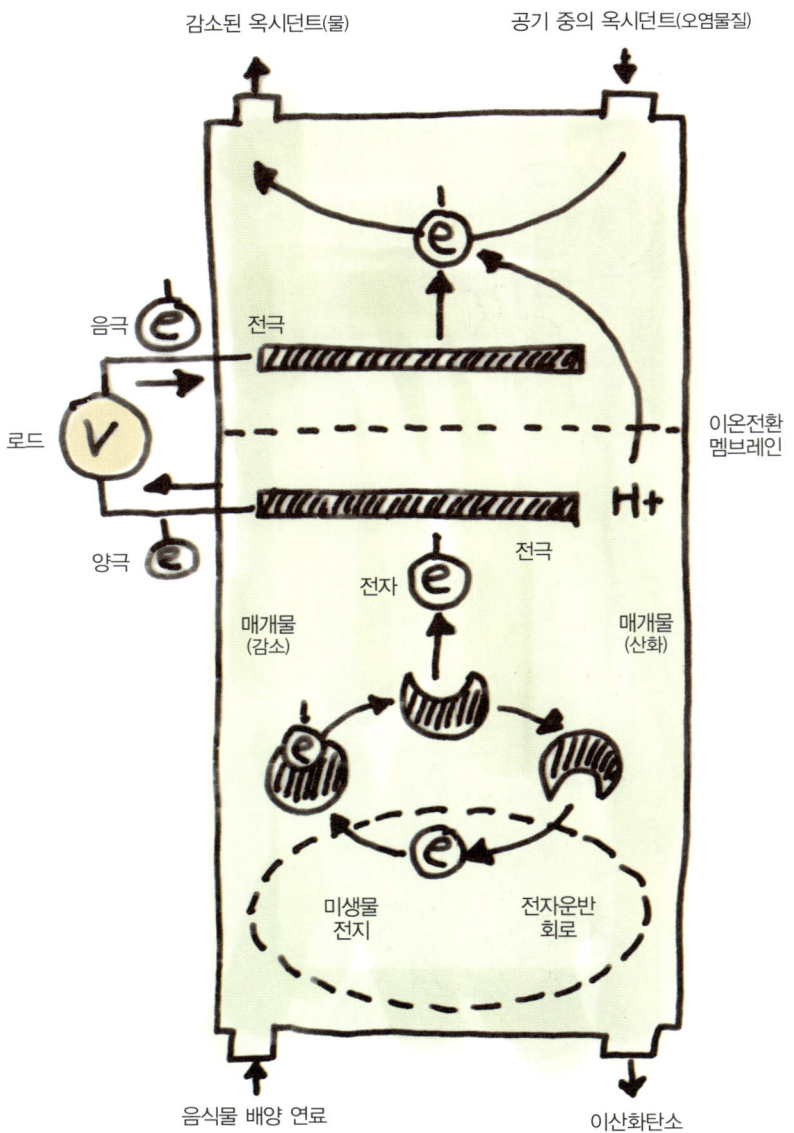

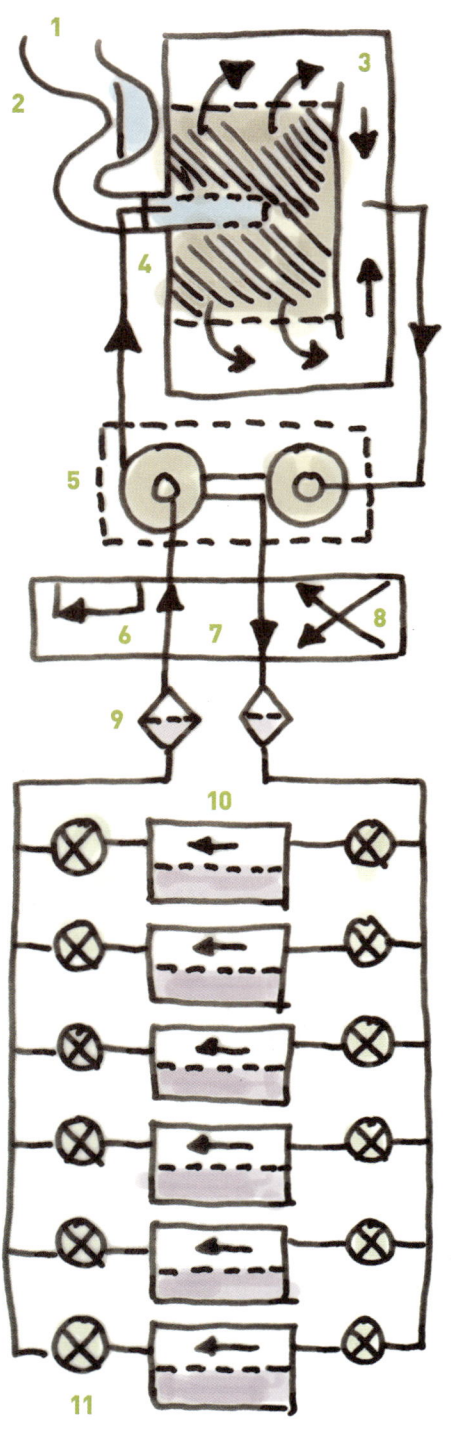

➡ 로봇 소화관의 구조

1 입
2 식도
3 위장 탱크
4 박테리아 서식 스펀지
5 이중 송풍 펌프
6 '혼합' 밸브 장치
7 '공급 스택' 밸브 장치
8 '역류 필터' 밸브 장치
9 바이오 필터
10 6개의 양극선 방
11 전지 절연 밸브

자료 : www.eng.usf.edu/~wilkinso/gastrobotics

3부 로봇의 쓰임새

로봇의 활약은 눈부시다

01 우주 로봇
우주 탐색을 위해 첨병으로 나서다

사람을 대신하여 우주를 탐사하고, 우주 환경을 분석하며, 우주 기지를 건설해야 되는 로봇은 섭씨 영하 100도에서 영상 100도를 오르내리는 극심한 기온의 변화, 무중력 상태, 우주 방사선에의 노출 등 극한 환경을 견뎌 내야 한다. 또한 우주 로봇은 임무 수행을 위해 생명체의 감각에 대응하는 능력, 즉 시각과 청각 능력을 갖지 않으면 안 된다.

미국 항공우주국(NASA)은 달이나 화성에 보낼 탐사 로봇에 관심이 많다. 카네기 멜론 대학의 단테 개발에 자금을 제공한 것도 그 때문이다.

200만 달러를 들여 만든 단테는 무게가 400킬로그램이며 눈 여섯 개와 다리 여덟 개를 가진 거미 모양의 로봇이다. 이 거미 로봇에게 부여된 첫 번째 임무는 남극의 활화산인 에리버스의 화구를 탐험하는 것이었다. 에리버스는 원래 그리스 신화에서 이승과 저승 사이에 있는 암흑계를 뜻한다. 이탈리아의 시인 단테(1265~1321)가 그의 작품 『신곡』

에서 에리버스로의 여행을 묘사해 놓았기 때문에 이 로봇의 이름을 단테로 부르게 된 것이다.

1992년 12월 단테는 화구 아래쪽으로 255미터를 내려가서 용암과 가스를 수집할 예정이었으나 겨우 6미터가량 되는 지점에서 고장이 나고 말았다. 단테와 이를 원격 조작하는 컴퓨터 사이를 잇는 통신선로에 이상이 발생한 것이다. 결국 기술진들은 남극의 혹한 때문에 수리를 포기했다.

카네기 멜론 대학은 170만 달러를 들여 단테를 재설계했다. 단테 II를 만든 것이다. 1994년 8월 단테 II는 단테와 똑같은 임무를 부여받고 남부 알래스카의 활화산 속으로 180미터까지 기어 내려갔다. 단테 II의 움직임은 통신위성과 컴퓨터를 통해 조종되었다. 로봇은 며칠 동안 화구 밑바닥을 걸어 다니면서 각종 자료를 수집하여 조종실로 전송하는 데 성공했다.

단테 II가 알래스카의 활화산에서 임무를 수행하고 있다.

1997년 7월 미국의 무인 우주 탐사선인 마스 패스파인더는 7개월 동안의 우주여행 끝에 화성의 한 계곡에 착륙했다. 패스파인더는 역사상 처음으로 로봇을 태운 탐사선이다. 소저너로 불리는 이 탐사 로봇은 길이 63센티미터, 높이 28센티미터, 무게 11.5킬로그램이며 태양 전

우주 로봇 127

탐사 로봇 소저너 너머로 화성의 사막 같은 땅이 펼쳐져 있다.

지판, 카메라, 안테나가 달려 있고 여섯 개의 바퀴로 굴러다닌다. 소저너가 화성 표면에 바퀴를 내린 순간, 인류 역사상 최초로 사람 대신 로봇이 화성 땅을 휘젓고 다니는 역사적 기록을 남기게 되었다.

소저너는 로드니 브룩스의 포섭 구조를 성공적으로 응용한 사례로 손꼽힌다. 극한 환경에서 움직이는 로봇을 제어하기 위해 작업 순서를 일일이 프로그램할 수 없었기 때문에 생물의 행동을 본뜬 포섭 구조로 소저너의 행동을 제어하여 성과를 거둔 것이다. 지구에서 내린 명령을 패스파인더를 통해 전달받은 소저너는 화성 표면의 사진과 자료를 수집하여 지구로 보내 나사를 흥분의 도가니로 몰아넣었다.

한편 캐나다는 우주 왕복선에서 통신 위성을 발사대로 옮기거나, 고장 난 위성을 수리하는 데 활용되는 로봇 팔인 캐나담 2를 개발했다. 2001년 미국 우주 왕복선 엔데버 호에 실려 국제 우주 정거장(ISS)에 장착된 캐나담 2는 끝 부분에 있는 손가락 형태의 물체를 이용하여 마치 꼬리를 머리에 오그려 붙인 채 앞으로 기어 나가는 자벌레처럼 움직인다. 캐나담 2에는 자극을 감지하는 촉각 센서와 주위를 볼 수 있는 카메라가 장착되어 있다. 7개의 관절을 이용하여 국제 우주 정거장을 기어 다니면서 난이도가 높은 건설 작업을 수행한다.

2003년 12월 유럽 항공우주국(ESA)의 탐사 로봇인 비글 2호가 화성의 평원에 착륙했다. 무게가 30킬로그램 정도인 비글 2호는 로봇 팔에 두더지 로봇이 달려 있다. 두더지 로봇은 화성 표면을 기어 다니다가 땅을 파고 들어가 표본을 수집했다.

2004년 1월 나사의 쌍둥이 탐사 로봇인 스피릿과 오퍼튜니티가 화성에 착륙했다. 목을 길게 뺀 거북처럼 생긴 이 로봇들은 키 157센티미터, 무게 185킬로그램이며 6개의 바퀴와 9개의 카메라를 갖고 있다. 이 카메라 덕분에 몸통의 균형을 잡아 넘어지지 않고 화성의 표면을 돌아다닐 수 있었다. 쌍둥이 로봇의 임무는 과거에 화성에 생물의 생존 여

캐나담 2(위)와 비글 2호

쌍둥이 탐사 로봇 스피릿(위)과 오퍼튜니티

건이 갖추어졌었는지를 지질학적으로 탐사하는 것이었다.

2008년 5월 나사의 무인 착륙선인 피닉스가 화성의 북극 근처에 내려앉았다. 피닉스는 착륙한 뒤 로봇 팔 한 개를 사용하여 얼음 땅을 파서 한때 미생물이 존재했었는지 그 흔적을 찾는 임무를 수행해야 한다.

나사는 화성 탐사에 활용될 뱀 로봇을 개발하고 있다. 가로 및 세로가 5센티미터인 정육면체 마디가 여러 개 붙었다가 떨어졌다 하면서 평지에서는 탱크의 무한궤도처럼 굴러가다가, 계단에서는 뱀처럼 길게 늘어져 기어 올라가고, 울퉁불퉁한 곳에서는 거미 모양으로 변한다.

또한 나사는 우주인과 동행하여 우주 공간에서 비상시에 중요한 역할을 해 줄 로봇을 시험하고 있다. 우주인과 함께 탑재될 600만 달러짜리 로봇의 이름은 '로봇 우주인'을 뜻하는 로보넛이다. 높이 190센티미터, 무게 182킬로그램인 로보넛은 이름 그대로 사람처럼 생긴 로봇이다. 세계 유일의 우주용 휴머노이드 로봇이라 할 수 있다.

나사가 로보넛을 만드는 이유는 사람이 우주선 밖의 우주 공간에서 벌이는 활동, 곧 우주 유영이 우주 비행사들에게 큰 부담이 되기 때문이다. 사람이 우주 유영을 하려면 먼저 우주복으로 갈아입어야 함은 물론이고, 우주 공간으로 나가기 전에 적어도 2~3시간 가만히 앉아 산소를 들이마셔야 생명이 위태롭지 않다. 따라서 우주선 외부에 긴급 상황이 발생하더라도 우주 비행사는 즉각 출동할 수 없다. 나사는 이러한 상황에 대처하기 위

무인 착륙선 피닉스

해 우주복이나 산소가 필요 없는 원격 로봇을 개발하게 된 것이다. 로보넛은 우주 비행사의 원격 조종을 받아 우주선 밖에서 임무를 수행하게 된다. 특히 사람처럼 엄지와 다른 네 개의 손가락이 달려 있어 구두끈을 맬 정도로 정교하게 각종 도구를 다룰 수 있으므로 우주 공간에서 위험한 작업을 척척 해낼 것으로 기대된다.

　세계 각국의 우주 탐사 경쟁이 치열해짐에 따라 우주 로봇의 필요성이 더욱 증대되고 있다. 2004년 1월 미국은 2008년까지 달에 탐사 로봇을 보내고 이르면 2015년까지 우주 비행사를 달에 착륙시켜 2020년 이전에 영구 기지를 건설하겠다는 계획을 발표했다. 또한 미국은

우주 로봇 131

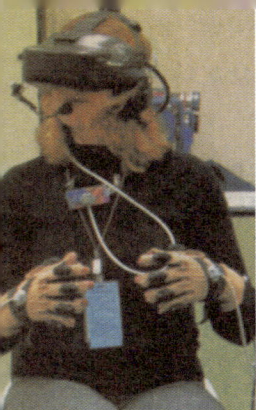

로보넛은 사람(왼쪽)에 의해 원격 조종되는 로봇 우주인이다.

2030년쯤 달의 우주 기지를 발판 삼아 다음 목표인 화성에 유인 우주선을 발사할 계획이다. 유럽 항공우주국 역시 2033년 화성에 우주 비행사를 보낼 계획임을 밝혔다. 2030년이 지나면 화성에 가고 싶어 하는 인류의 오랜 꿈이 마침내 실현될 것으로 전망된다. 중국과 일본 등도 우주 탐사에 전력투구하고 있다. 우리나라 역시 이들과 어깨를 겨루며 우주 개발에 나설 것이다.

  우주 정복이 본격화되면 다양한 우주 로봇이 개발될 전망이다. 우선 달에 우주 기지가 건설되어 사람들이 상주하게 되면 이들의 옷과 음식을 나르고, 건설 장비 등을 이동하는 일을 수행하는 심부름 로봇이 필요할 것이다. 또한 달이나 화성에서 장기간 탐사할 경우 태양에너지를 동력원으로 이용하는 탐사 로봇의 개발이 필요하다. 무엇보다 극한 환경에 능동적으로 대처하면서 자율적으로 자기 할 일을 찾아서 처리하는 지능 로봇이 개발되지 않으면 안 된다. 임무에 따라 우주 탐사 로봇, 우주 환경 분석 로봇, 우주 기지 건설 로봇 등 세 방향에서 다양하게 개발될 전망이다.

덤불 로봇

우주 개발의 궁극적인 목표는 우주 식민지의 건설에 있다. 우주 식민지에서 공장을 건설하려면 사람의 조종에 따라 움직이는 로봇과 달리 자율적으로 활동하는 로봇이 절대적으로 필요하다.

미국의 로봇 공학자인 한스 모라벡은 우주 공장에서 작업을 수행할 자율 로봇으로 덤불 로봇을 꿈꾼다.

덤불 로봇은 담쟁이덩굴처럼 생긴 가늘고 짧은 가지가 수없이 많이 달린 나무 모양의 기계이다. 덤불 로봇의 수많은 중간 가지는 앞뒤 또는 좌우로 이동하며, 잠망경처럼 그 길이를 바꿀 수 있으므로 생물처럼 능란하게 몸을 움직일 수 있다. 중간 가지에 달린 잎사귀는 손가락처럼 자유자재로 작업을 해낸다. 가지의 모든 마디는 센서를 갖고 있으므로 덤불 로봇의 잎사귀는 곤충의 더듬이처럼 빛 또는 온도를 감지할 수 있다.

덤불 로봇은 얼핏 황당하게 보이는 측면이 없지 않은 발상이다. 그러나 인공 생명이나 나노 기술과 같은 과학 기술이 발달하면 이러한 로봇도 얼마든지 만들 수 있을 것으로 여겨진다.

나무처럼 생긴 덤불 로봇은 우주 공간에서 자율적으로 활동한다.

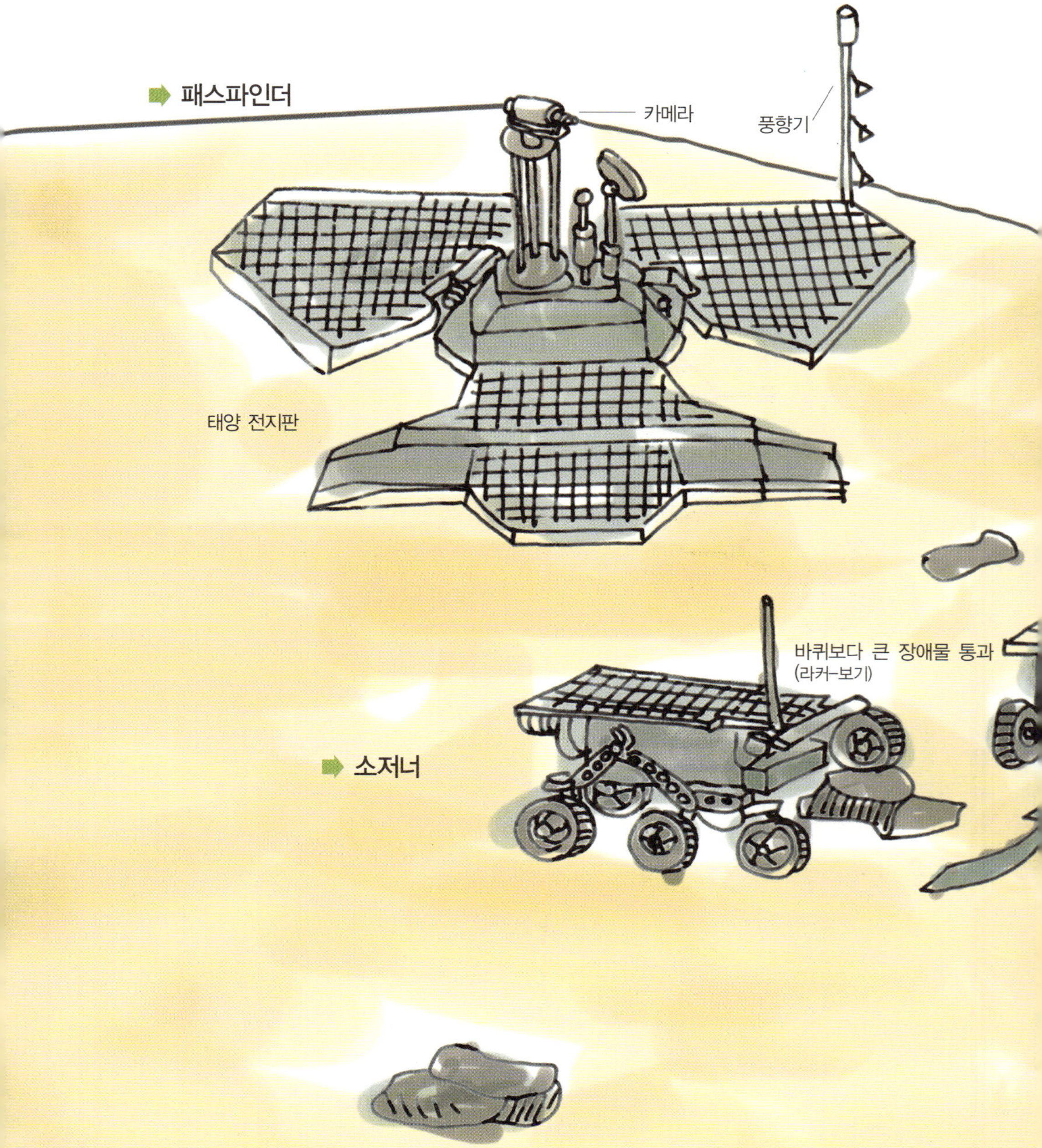

➡ 패스파인더

카메라
풍향기
태양 전지판

➡ 소저너

바퀴보다 큰 장애물 통과
(라커-보기)

자료 : 미국 항공우주국

소저너 화성 탐사 과정

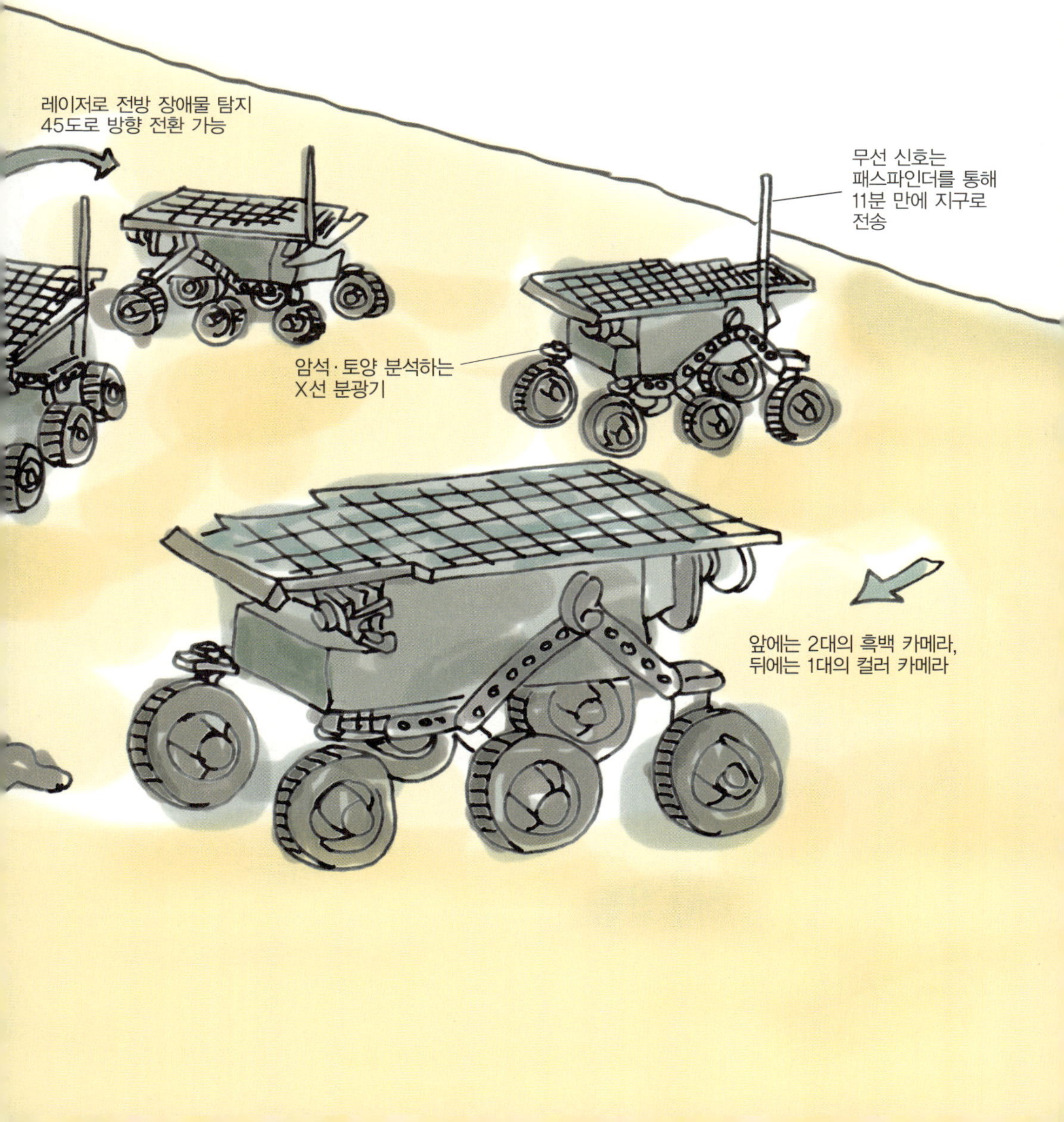

레이저로 전방 장애물 탐지
45도로 방향 전환 가능

무선 신호는 패스파인더를 통해 11분 만에 지구로 전송

암석·토양 분석하는 X선 분광기

앞에는 2대의 흑백 카메라, 뒤에는 1대의 컬러 카메라

02 수중 로봇

지구가 숨겨 둔 최후의 보물을 찾아라

 지구 표면은 70퍼센트 이상이 바다이다. 깊은 바다 밑에는 엄청나게 많은 광물 덩어리가 깔려 있다.

 바다에 사는 고래나 상어가 죽으면 뼈나 이빨이 바다 밑에 가라앉는다. 이 뼈를 중심으로 순도 높은 망간, 니켈, 코발트, 구리, 백금 등 40여 종의 유용한 금속이 자꾸만 엉겨 붙어 커다란 광물 덩어리가 된다. 이 광물 덩어리는 망간 성분이 특별히 많이 들어 있기 때문에 망간단괴라 불린다. 단괴란 암층 속에 있는 여러 모양의 덩이를 의미한다. 수억 년 동안에 걸쳐 형성된 망간단괴는 매장량 4억 톤에 수천조 원어치로 어림짐작되는 인류 최후의 천연자원이다.

 망간단괴는 수심 4,000~6,000미터의 바다 밑바닥에 엄청난 양이 분포되어 있다. 망간단괴가 널려 있는 곳까지 내려가려면 최소한 500~600기압을 견뎌 내야 한다. 이러한 수압으로 인해 사람이 바다 깊이 들어갈 수 있는 한계는 400미터 정도이다. 또 바다는 아무리 맑더라도 600미터 이하로 내려가면 햇빛이 미치지 못하는 어둠의 세계가 된다. 더욱이 수심 1,000미터 되는 곳의 바닷물 온도는 섭씨 5~6도에 불과해 아주 차갑다. 말하자면 바다 속은 높은 수압과 영하에 가까운 온도가 지배하는 암흑의 세계라 할 수 있다.

이러한 극한 환경 속에서 망간단괴 등 귀중한 해저 광물을 건져 올리기 위해 사람을 태우고 바다 깊숙이 내려가 해저를 탐사할 수 있는 유인 탐사정이 개발되었다. 심해저 탐사 경쟁에 나선 미국, 프랑스, 일본 등 해양 선진국들은 1950년대부터 유인 탐사정을 제조하였다.

1964년 미국이 만든 심해저 유인 탐사정 앨빈 호

1964년 미국은 세계 최초로 4,000미터급 심해저 유인 탐사정인 앨빈 호를 건조했다. 1984년 프랑스는 해저 6,000미터까지 내려갈 수 있는 유인 탐사정인 노틸 호를 만들었다. 1989년 일본은 6,500미터급의 유인 탐사정인 신카이 6500호를 선보였다. 2007년 2월 중국은 해

수중 로봇 137

1984년 프랑스는 해저 6,000미터까지 내려갈 수 있는 노틸 호를 개발했다.

저 7,000미터까지 들어가 탐사 활동을 할 수 있는 유인 잠수정을 세계 최초로 개발했다. 고래 형상을 본뜬 3인용 탐사정으로 전 세계 해저의 99.8퍼센트를 탐사할 수 있는 것으로 알려졌다. 해저를 100퍼센트 탐사하려면 11,000미터까지 잠수할 수 있어야 한다. 이러한 유인 탐사정들은 케이블로 연결된 탐사 로봇을 바다 밑으로 더 깊이 내려 보내 샅샅이 촬영해서 해저의 상태를 분석한다.

해양 개발 이외에도 로봇이 바다에서 하는 일은 한두 가지가 아니다. 해저 케이블 설치에서부터 침몰선 수색 작업에 이르기까지 해저 로봇은 수천 미터 깊이에서 사람이 도저히 할 수 없는 작업을 척척 해낸다.

이러한 원격 해저 로봇의 가능성은 1985년 7월에 극적으로 입증되었다. 미국의 유인 탐사정인 앨빈 호는 두 사람의 승무원을 태우고 북대서양에서 수심 3,700미터까지 내려갔다. 앨빈 호는 1912년 빙산과 충돌하여 침몰한 영국의 호화 여객선 타이타닉 호에 접근한 것이다. 앨빈 호는 깜깜한 바다 밑에서 조명등을 비추어 타이타닉 호의 겉모습을 살펴볼 수 있었지만 그 안으로 들어갈 수 없었다. 따라서 특별히 설계된 원격 로봇으로 수색 작업을 펼쳤다. 길이 1미터쯤 되는 이 로봇은 달걀 모양으로 생겼으며 앨빈 호에 케이블로 연결되었다. 이 원격 로봇에는 카메라가 달려 있으며 기계손으로 10킬로그램 정도의 물건을 들어 올릴 수 있었다. 이 로봇은 여객선의 문을 밀고 들어가 안을 돌아다니면서 금고, 주전자, 술병 등을 찾아냈지만 타이타닉 호의 물건은 아무것도 가지고 나오지 않았다. 해저 로봇의 기술이 발달되어 훗날 완벽하게 인양 작업을 할 수 있을 때까지 침몰 당시의 모습을 그대로 보존하기 위해서였다고 한다.

1993년 3월 미국에서 무인 잠수정인 제이슨이 선보였다. 캘리포니아와 멕시코 사이의 바다 속에서 심해저 탐사에 동원된 제이슨은 해저 광물 조사와 해양 생물 연구를 위해 제작된 로봇이다. 이 로봇은 바다 위의 모선과 특수 강철로 만들어진 끈으로 연결된다. 바다 속에서 수집한 정보는 곧바로 통신 위성을 통해 세계 곳곳의 연구소로 보내진다.

1995년 3월에는 일본 해양과학기술센터에서 개발한 카이코가 해저 탐사 무인 잠수정의 진면목을 유감없이 보여 주었다. 세계 최고인 수심 1만 1,000미터까지 잠수가 가능한 카이코는 필리핀 인근 태평양의 수심 6,000미터 아래에서 쉴 새 없이 바다 밑의 사진을 찍어 해상에 떠 있는 탐사정으로 보냈다. 태고 이래 간직해 온 심해저의 신비가 생생하게 담긴 필름이었다. 이 자료는 세계에서 가장 깊은 바다 밑바닥에도 생물이 살고 있음을 보여 주었기 때문에 생물 진화의 연구에 크게 도움이 되었다. 2003년 카이코는 지구에서 가장 깊은 바다인 태평양 마

수심 1만 1,000미터까지 내려갈 수 있는 일본의 해저 탐사 로봇 카이코

리아나 해구(깊이 1만 1,034미터)를 탐사하던 도중에 케이블이 끊어지면서 유실되었다. 일본은 2010년까지 카이코의 명성을 잇는 로봇을 개발하여 마리아나 해구를 탐사할 계획이다.

　전문가들은 21세기에 지상의 자원이 고갈되고 심해저에서 건져 올린 자원에 의존하지 않을 수 없게 될 것이라고 예측한다. 특히 망간단괴를 비롯한 해양 자원을 먼저 손에 넣는 나라가 유리하기 때문에 심해저 탐사 경쟁은 갈수록 치열해지고 있다. 따라서 원격 조작되는 해저 탐사 로봇의 중요성은 더욱 커지고 있다. 이와 아울러 바다 밑에서 자유롭게 활동할 수 있는 자율 로봇의 개발 경쟁도 뜨겁게 달아오르고 있다.

　우리나라는 삼면이 바다로 접해 있고 대륙붕이 넓게 분포되어 있어 광대한 해양 영역을 보유하고 있지만 여느 선진 해양국에 비하여 수중 로봇 개발에 뒤늦게 뛰어들었다. 그러나 세계 1위의 조선공업 선진국으로서 보유한 선박 건조 기술을 바탕으로 다양한 해양 장비 제조 기술을 꾸준히 축적해 가고 있다.

한국해양연구원에서는 1986년 수심 250미터급의 유인 탐사정 개발에 성공하여 동해안에서 시운전을 마쳤다. 이어서 1993년에는 수심 300미터급 무인 탐사 장치를 국내 최초로 개발하였다. 또한 2001년부터 6,000미터급의 심해용 무인 잠수정 개발에 착수하여 2005년 2월 성공

2006년 해미래 진수식 장면

하였다. '해미래'로 명명된 뒤, 2006년 5월 진수식을 가졌다. 이와 같이 한국해양연구원은 수중 장비의 양대 분야인 유인 잠수정과 무인 탐사 장치를 모두 개발한 실적을 보유하고 있다.

끝으로 극한 해양 환경에서 작업이 가능한 수중 로봇 기술이 발전하면, 해양 과학 조사, 해저 자원 탐사 및 채취, 해양 환경 감시 및 보존, 해양 오염 방제 및 해양 폐기물 처리, 해저 구난 및 해양 방위 등에 활용이 기대된다. 특히 해양 과학 조사 로봇은 심해 생태계 조사, 심해 생명과학 연구, 심해 신물질 연구, 해저 지질 조사 등의 해양 과학 분야에 크게 활용될 것으로 전망된다.

 물고기 로봇

바다 속에 사는 동물을 본떠 만든 수중 로봇이 개발되고 있다. 미국 해군은 게의 행동을 흉내 낸 수중 로봇인 에어리얼을 개발 중이다. 역시 미국에서 바닷가재를 모방한 수중 로봇을 만들었다. 게 로봇과 바닷가재 로봇은 바다 밑바닥의 기뢰를 찾아 제거하는 임무를 수행하게 된다. 물고기처럼 헤엄치는 로봇도 개발된다. 미국의 완다는 창꼬치처럼 생긴 물고기 로봇이다. 창꼬치는 로켓만큼 빠른 속도로 헤엄칠 수 있는 물고기이다. 얇은 꼬리를 흔들어서 그 어떤 프로펠러보다 빠른 속도로 수영할 수 있다.

창꼬치를 모방한 완다는 높이 15센티미터, 길이 81센티미터, 무게 3킬로그램이다. 완다를 개발하는 기술자들은 영화 〈블레이드 러너〉에서 물고기들이 물속을 날아다니는 장면을 보고 영감을 얻은 것으로 알려지고 있다.

로피와 개발자인 김용환 교수(오른쪽)

물고기 로봇 연구는 미국과 일본이 주도했으나 우리나라도 경쟁에 뛰어들었다. 2006년 1월 서울대 조선해양공학과의 김용환 교수가 로피라는 물고기 로봇을 선보였다. 물고기의 해부학적 구조와 운동을 본뜬 로피는 한반도 해역을 누비며 수중 기뢰를 찾아내는 바다의 파수꾼이 될 것으로 기대를 모으고 있다.

➡ 로피의 구조

- 길이: 94센티미터
- 무게: 12킬로그램
- 안전속력: 1.5미터/초(최고속력: 3미터/초)

등뼈
로피의 운동을 조절하는 중심부. 뼈마디를 철사로 이어 몸통을 하나로 만들었다. 관절은 15개.

머리
무선 송신기로부터 신호를 받으면 모터가 작동하면서 등뼈로 힘을 전달한다.

꼬리
수면과 접촉해 추력을 발생시킨다. 물고기 가운데 추진 효율이 가장 뛰어난 참치 꼬리의 모습을 모방했다.

자료 : 서울대 조선해양공학과

한국의 수중 로봇 개발은 어디까지 왔나?

한국해양연구원은 2005년 2월 6,000미터급 심해 탐사를 위한 무인 잠수정 해미래를 개발하였다. 이 무인 잠수정은 로봇 팔과 최첨단의 다양한 센서를 장착했다. 길이 3.3미터, 폭 1.8미터, 높이 2.2미터의 규모로 무게는 3,200킬로그램에 달한다. 시속 1.0~1.5노트의 속도로 운항할 수 있다. 탐사 가능한 수심이 6,000미터여서 전 세계 대양의 97퍼센트 이상을 탐사할 수 있다.

자료 : 한국해양연구원

➡ 해미래의 활동 상상도

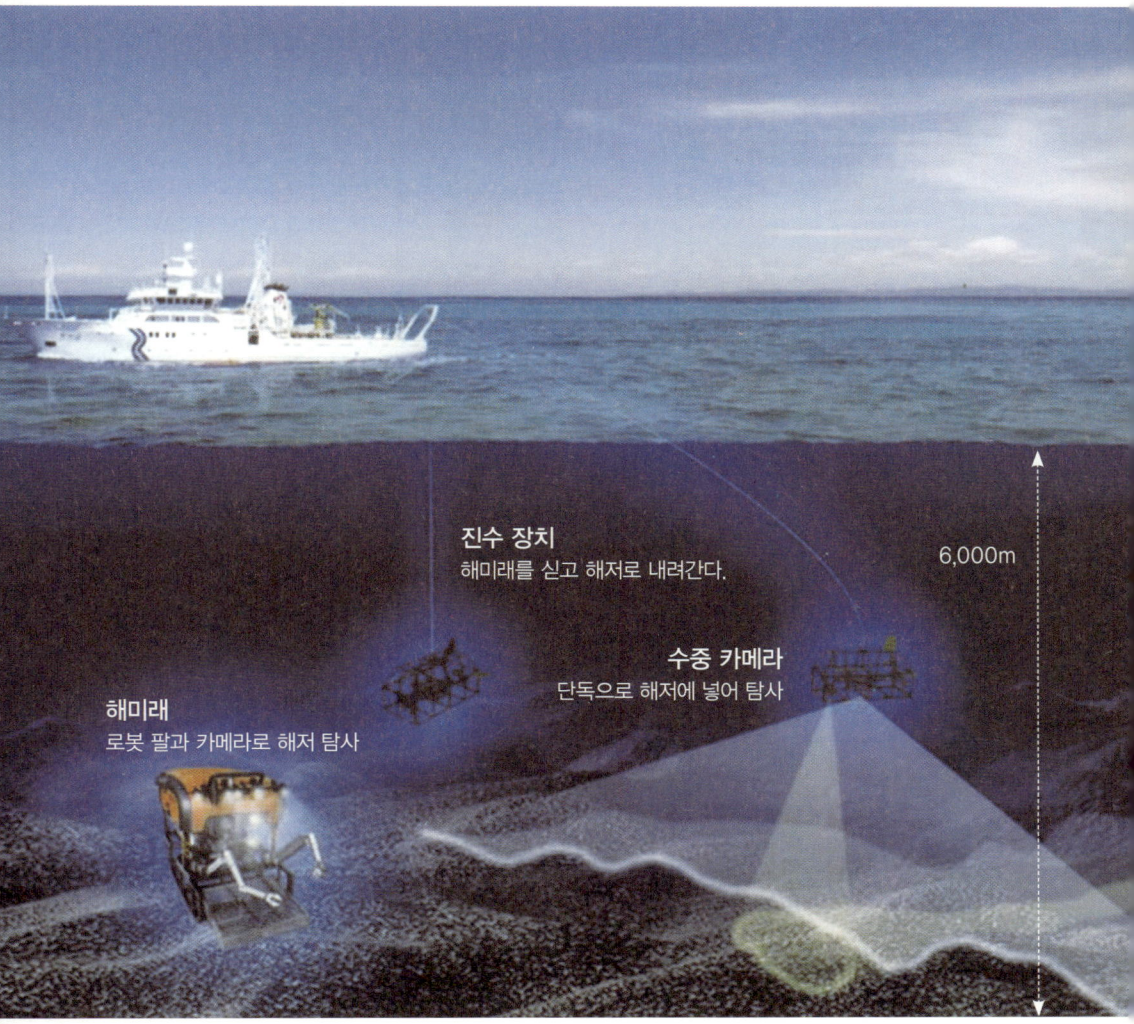

03 개인용 로봇
친구처럼 함께 지낸다

　지능을 갖춘 로봇이 생활 속으로 들어옴에 따라 개인용 로봇 시대가 성큼 다가오고 있다. 개인용 로봇이란 일상생활에서 사람과 공존하며, 사람을 도와주거나 사람의 능력을 십분 활용하는 데 도구로 이용되는 로봇이다.

　개인용 로봇은 청소, 설거지, 세차, 경비 등 가정에서 발생하는 크고 작은 노동을 대신할 뿐만 아니라 노약자 돌보기, 친구 역할 대행, 오락 기능 제공 등 각종 서비스를 제공하므로 서비스 로봇이라고도 한다.

　사람의 일을 도와주는 서비스 로봇에는 가사 로봇, 생활 도우미 로봇, 교육용 로봇, 안내 로봇, 접대 로봇 등이 있다. 가사 로봇은 가정에서 청소, 세탁, 요리 등을 수행하여 가사 노동의 부담을 줄여 준다. 생활 도우미 로봇은 병원과 요양소에서 재활 훈련을 돕거나 고령자와 신체 장애인이 일상생활에 불편이 없도록 도와준다. 교육용 로봇은 학교

로봇은 연극 무대에도 선다. 세로피(오른쪽)는 심부름을 하고, 에버(왼쪽 끝)는 노래를 부른다. (2009년 〈엄마와 함께하는 국악보따리〉 공연 장면에서).

와 가정에서 교육을 위해 친근하고 효과적인 수단으로 활용된다. 안내 로봇은 공공장소나 각종 행사장에서 사람 대신 안내 업무를 수행한다. 접대 로봇은 음식점이나 연회장에서 음식 시중을 든다.

사람에게 즐거움을 안겨 주는 서비스 로봇, 곧 오락용 로봇에는 애완 로봇, 경기용 로봇, 전시용 로봇 등이 있다. 애완 로봇은 여가 선용을 위해 마치 친구처럼 가까이 두고 아끼는 로봇이다. 경기용 로봇은 로봇과 로봇 사이에 벌어지는 운동 경기에 출전한다. 전시용 로봇은 테마 유원지나 기업체의 홍보를 위해 다양한 볼거리를 제공한다.

가사 로봇은 하는 일이 많다. 집 안 청소, 세탁, 요리, 설거지, 세차, 잔디 깎기는 물론이고 주인 대신 집을 보는 일까지 척척 해낸다.

2000년 일본전기(NEC)가 회사 창립 100주년을 기념하여 내놓은 알 100은 개인용 로봇 조수로서 집 안에서 여러 가지 일을 처리한다. 달걀 모양으로 생겼으며 높이 44센티미터, 무게 7.9킬로그램이다. 알

2001년 일본에서 선보인 드림포스는 집을 보는 로봇이다.

트릴로바이트

알 100은 두 눈에 달린 렌즈를 통해 사람과 사물을 알아보고, 100여 개의 일본 말을 알아들으며, 사람과 대화를 나눌 수 있다.

알 100은 말로 지시하면 전자우편을 다른 사람에게 보내 주기도 한다. 예컨대 직장에 나가 있는 주부가 아이들에게 공부를 시키기 위해 알 100에게 전자우편을 보내면 로봇은 아이들에게 어머니의 명령을 음성으로 전달한다. 또한 알 100은 노래도 부르고 춤도 춘다.

2001년 일본에서 선보인 드림포스는 사람 대신 집을 보는 로봇이다. 키 35센티미터, 무게 1.5킬로그램이다. 두 발로 걷고 인사를 하거나 물건을 잡을 수 있는 휴머노이드 로봇이다. 작은 병을 쥐고 잔에 술을 따라 건배할 줄도 안다. 드림포스는 외출했을 때 밖에서 휴대전화로 원격 조종이 가능하다. 따라서 휴대전화의 액정 화면을 통해 로봇의 눈에 비친 집 안 상황을 확인할 수 있기 때문에 가정주부들이 노인이나 어린이만 남겨 놓고도 안심하고 외출할 수 있다.

가사 로봇 중에서 가장 인기가 높은 것은 청소 로봇이다. 세계 최초로 상용화된 가정용 청소 로봇은 2001년 스웨덴에서 출시된 트릴로바이트이다. 높이 13센티미터, 무게 5킬로그램의 원통형 로봇으로 지름은 35센티미터이다.

룸바

트릴로바이트는 사람이 조종할 필요 없이 모든 집안 청소를 혼자 처리한다. 일단 청소 시작 스위치를 누르면 자동으로 청소할 공간 가장자리를 한 바퀴 돌면서 전체 공간의 크기를 계산하고 설정된 청소 공간을 빠뜨리는 부분 없이 훑고 지나간다. 딱딱한 바닥과 양탄자 모두 청소가 가능하다. 가격이 비싸기 때문에 노인이 있거나 생활이 여유로운 가정에서 주로 구입한다.

2002년 미국에서 선보인 룸바는 트릴로바이트처럼 원통형 청소 로봇이다. 지름 35센티미터에 높이는 9.5센티미터이다. 가격이 199달러(약 25만 원)로 트릴로바이트의 가격(200만 원 정도)보다 워낙 쌌기 때문에 큰 인기를 끌었다.

우리나라 기업들도 청소 로봇 개발 경쟁에 뛰어들었다. 대기업은 물론 벤처기업들이 나서서 가정용 청소 로봇 시장을 선점하기 위해 전력투구하고 있다. 2003년 4월 국내 업체에 의해 처음으로 로

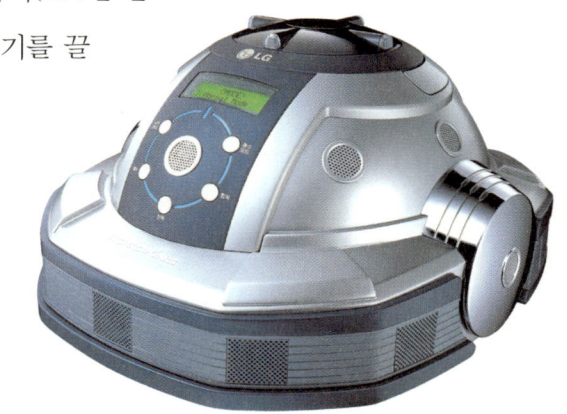
국내에서 최초로 개발된 로봇 청소기 로보킹

개인용 로봇 149

아이들과 아이보

봇 청소기인 로보킹이 발표되었다. 로보킹은 청소를 할 때 낭떠러지와 장애물을 인식하여 추락과 충돌을 피할 수 있다.

한편 오락을 위한 서비스 로봇으로는 애완 로봇이 인기가 높다. 애완 로봇의 대표작은 일본의 아이보와 미국의 마이리얼베이비(나의 진짜 아기)이다.

1999년 일본 소니가 내놓은 아이보는 로봇 강아지이다. 높이 26.6센티미터, 길이 27.5센티미터, 무게 1.6킬로그램이며 발표 당시 가격은 2,500달러였다. 아이보는 발매 즉시 인터넷을 통해 3,000개가 팔릴 정도로 인기몰이를 했다.

2000년 성탄절 대목을 노리고 미국 시장에 출시된 마이리얼베이비는 아기처럼 생긴 로봇 인형이다. 이 로봇은 실제 아기의 많은 행동을 흉내 낼 수 있다. 로봇 아기는 사람처럼 옹알거리기도 하고, 울기도 한다. 간지럼을 태우면 웃고, 배고프다고 불평도 할 줄 안다. 마이리얼베이비는 다리를 잡고 심하게 흔들면 울음을 터뜨리지만 안아서 살살 흔들면 울음을 그친다. 우유병을 갖다 대면 젖꼭지를 씹으면서 빤다. 간단한 말도 배워서 영어로 "엄마 사랑해요." 또는 "잘 자요."라고 말한다.

오락용 로봇의 활약이 가장 기대되는 분야는 로봇 축구이다. 1995년 한국과학기술원(KAIST) 김종환(1957~) 교수의 제안으로 세계로

▶ 세계 로봇 축구 대회 경기 모습과 그 제안자인 김종환 박사

봇축구연맹(FIRA)이 결성되고, 1996년 11월 대전 카이스트에서 미국, 캐나다, 스위스, 영국, 이탈리아, 프랑스, 네덜란드, 폴란드, 일본, 불가리아, 인도, 대만 등 10여 개국이 참가한 가운데 제1회 세계 로봇 축구 대회가 열렸다. 한국 과학자들에 의해 세계 최초로 로봇 월드컵이 탄생한 것이다. 로봇 축구는 우리나라가 종주국이 된 셈이다. 그 후로 이 대회는 국내외를 번갈아 가며 해마다 성황리에 개최되고 있다.

세계 로봇 축구 대회의 경기장은 탁구대만 한 크기로 가로 220센티미터, 세로 80센티미터의 나무판이다. 문지기 1대, 공격수와 수비수 4대 등 5대의 로봇이 한 조를 이루어 상대편의 문에 공을 집어넣는다. 경기 시간은 전후반 각 5분이며 중간 휴식 시간은 10분이다. 로봇이 사람처럼 피곤해 쉬는 시간을 마련한 것이 아니라 로봇의 전지를 교환하거나 작전을 바꿀 시간을 주기 위해서이다. 경기 중 작전 시간은 총 2회가 허용되지만 2분을 넘길 수 없다. 시합 도중에 2대까지 로봇을 교체시킬 수 있다.

로봇 축구 선수들은 바퀴로 굴러다니지만 안테나로 감독의 작전 지시를 받아 드리블, 패스 또는 슛을 한다. 일부러 상대 로봇에 부딪히는 등 과격한 행동을 하면 반칙으로 간주해 프리 킥 또는 패널티 킥을 상대편에 주게 된다. 비길 때에는 사람들처럼 승부차기를 한다.

1996년 서울에서 세계 로봇 축구 대회가 창설되고 1년 뒤인 1997년에 일본에서 또 다른 로봇 월드컵인 로보컵이 등장하여 두 로봇 축구 대회가 치열한 경쟁을 벌이고 있다. 한국의 세계 로봇 축구 대회는 학술 위주인 반면에 일본의 로보컵은 오락 기능 위주로 상업성을 부각시킴에 따라 갈수록 규모가 커지고 있다.

로봇 전문가들에 따르면 2000년부터 청소 로봇과 애완 로봇을 중심으로 서비스 로봇 시장이 형성되기 시작했으며, 2010년쯤에는 사람의 건강과 복지에 도움이 되는 서비스 로봇이 본격적으로 보급되고, 2020년경에는 개인용 로봇이 각 가정에 필수적인 존재가 되어 1가구 1로봇 시대가 개막될 것으로 전망된다. 선진국의 경우 2020년에 개인용 로봇의 수가 사람의 수를 초과할 것이라고 예측하는 미래학자도 있다.

특히 오락용 로봇의 경우 2010년 이후에는 로봇들의 경기 방식이 사람의 스포츠 형태를 거의 닮게 될 것으로 예상되며 2020년부터 로봇들의 스포츠가 오락시장의 주력 상품이 될 전망이다. 2050년 전후로 완전히 자율적인 로봇들과 월드컵 축구 대회에서 우승한 선수들 사이에 한판 승부를 겨루게 될 것이라고 말하는 로봇 공학자들도 있다. 사람과 로봇이 함께 축구공을 차는 세상이 오고야 말 것인지.

로봇 검투사

1997년 미국에서 수많은 관중들이 지켜보는 가운데 로봇끼리 싸우는 로봇 전쟁 대회가 개최되었다. 로봇들은 마치 로마 시대의 검투사(글래디에이터)들처럼 강철 갑옷을 입고 일대일로 맞붙어 서로 밀고 때려 부수는 싸움을 벌였다. 관중들은 실내에 울려 퍼지는 테크노 음악 소리와 함께 전투 로봇들의 금속 몸통이 부딪칠 때 나는 요란한 소리를 들으면서 함성을 내질렀다.

▶ 로봇의 전투는 대중 스포츠가 되고 있다.

일대일 승부에서 마지막 순간까지 계속 움직이는 전투 로봇이 최후의 승자가 된다. 전투가 끝난 뒤에는 부품이 떨어져 나간 로봇들은 응급실에 가서 정비를 받는다. 일대일 경기가 모두 끝나고 나면 승자나 패자 모두 나와 마지막 죽음의 시합에서 서로를 때려 부순다.

무선으로 조종되는 로봇 검투사들이 기계적인 죽음에 이르기까지 전투를 벌이는 로봇 전쟁은 인간의 파괴 본능을 충족시키기 위해 마련된 한마당의 기계 파괴 축제라 할 수 있다.

우리나라에서도 전투 로봇의 대결은 대중 스포츠로 자리 잡아 가고 있다. 거의 매달 한 번씩 전국 단위의 대회가 열리고 있으며, 텔레비전에서 로봇 대결 방송을 정규 프로그램으로 내보낼 정도이다.

청소 로봇 로보킹의 작동 구조

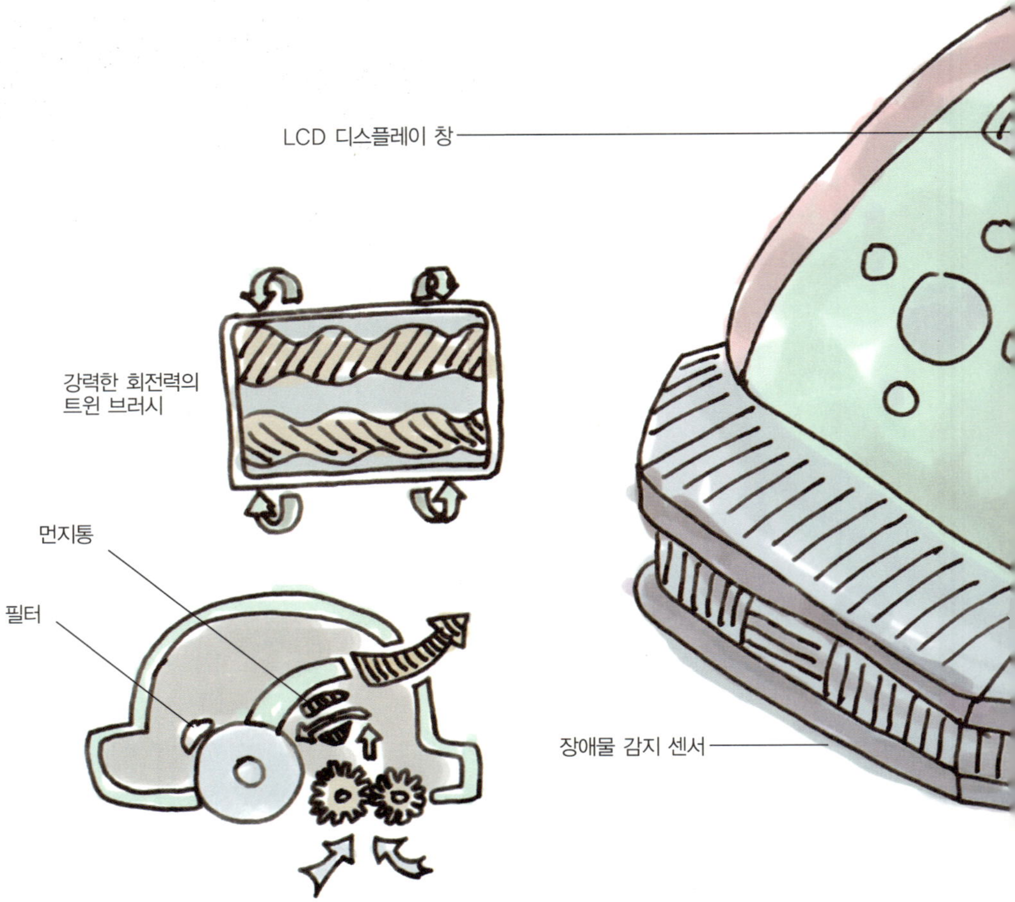

LCD 디스플레이 창

강력한 회전력의 트윈 브러시

먼지통

필터

장애물 감지 센서

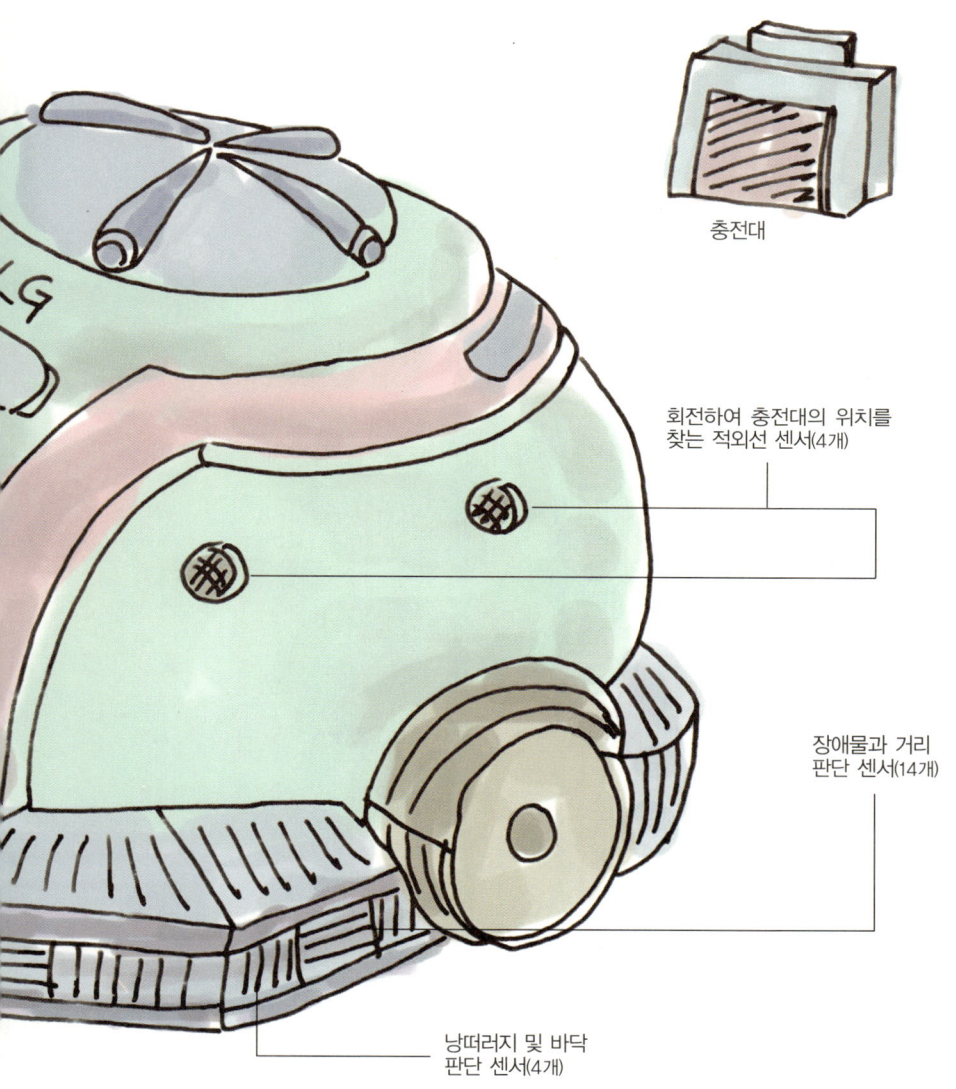

충전대

회전하여 충전대의 위치를
찾는 적외선 센서(4개)

장애물과 거리
판단 센서(14개)

낭떠러지 및 바닥
판단 센서(4개)

자료: (주)엘지전자 리빙한국마케팅그룹

04 의료 복지 로봇

완벽한 외과 의사로 환생하다

일상생활에서 개인용 로봇 못지않게 사람에게 도움이 되는 것은 의료 복지 로봇이다. 사람의 건강을 관리하거나, 의사의 첨단 수술 방법을 지원하거나, 노인과 장애인의 재활을 돕는 로봇을 의료 복지 로봇이라 한다.

의료 복지 로봇의 핵심은 수술 로봇과 재활 로봇이다.

로봇을 이용한 인체 수술은 1992년 11월 미국에서 로보닥이 선을 보인 뒤에 처음으로 시도되었다. '로봇 의사'의 뜻을 지닌 로보닥은 여러 차례 좌골 대체 수술에 활용되었다. 이 수술에서 로보닥은 이식될 조직을 위한 구멍을 넓적다리에 뚫었다.

로봇이 인체 수술에 동원되는 이유는 미세한 신경 조직 하나하나를 다루는 수술에서 로봇이 의사보다 더 정확하고 실수가 없기 때문이다. 예컨대 시신경에 아주 가까운 부위에서 발생한 암세포를 제거하는 수술의 경우 1밀리미터의 오차만 생겨도 시신경을 건드려 실명할 수 있

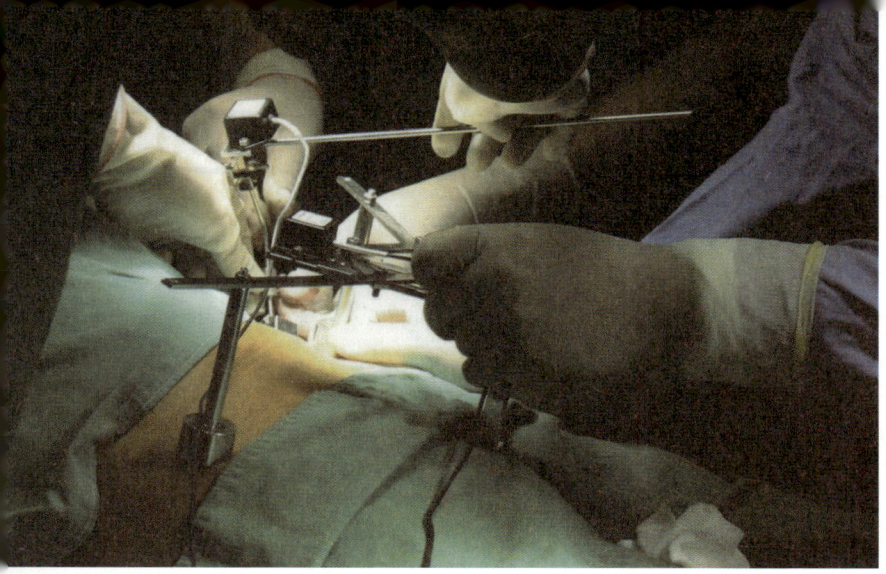

한국과학기술원이 개발한 복강경 수술 보조 로봇 카라 시스템

는 위험이 있는데, 로봇을 이용하면 이 같은 문제가 해소된다.

1993년 이탈리아 의료진들이 미국의 로스앤젤레스에서 이탈리아의 밀라노에 있는 로봇을 조종하여 대서양 건너편에 있는 돼지를 수술하는 데 성공하였다. 인체에 대한 '원격 수술'의 가능성을 보여 준 수술이었다. 원격 수술이란 의사가 원격 조작 기술을 이용하여 멀리 떨어진 곳에 있는 환자를 수술하는 것이다. 가령 서울의 의사가 부산에 있는 로봇을 원격 조작하여 부산의 환자를 수술할 수 있다. 원격 수술 기술이 발전하면 지구에 있는 의사가 달나라에 머문 우주인의 맹장 제거 수술을 집도할 수도 있게 된다.

또한 수술 로봇은 외과 의사들의 오랜 꿈, 즉 환자의 몸에 수술 자국을 남기지 않으려는 소망을 이루어 준다.

전통적인 심장 외과 수술은 환자의 가슴 전면을 완전히 헤집으면서 진행된다. 의사는 흉골 사이로 톱질을 하여 늑골(갈비뼈)을 자른 다음에 심장이 완전히 드러날 때까지 절개한다. 환자의 몸에 엄청난 부담을 준 뒤에 수술이 시작될 뿐만 아니라 흉한 수술 자국이 남을 수밖에 없다. 따라서 의사들은 뼈를 가르고 근육을 자르는 대신에 인체에 작은 구멍을 내고 소형 기구들을 삽입해서 수술을 하는 최소 절개 수술, 곧 '최소 침습법'을 선호한다. 침습이란 건강한 조직을 침범해 들어간다는 뜻이다. 하지만 의사의 손에 비해 구멍이 너무 작고 의사의 손 떨림으로 실수가 발생할 소지가 많다.

이러한 애로 사항을 해결해 준 것이 미국에서 개발된 100만 달러짜리 다빈치 외과 수술 시스템이다. 중세의 과학자이자 예술가인 레오나르도 다빈치의 이름을 빌린 이 로봇은 1997년 첫 수술을 하였다. 물론

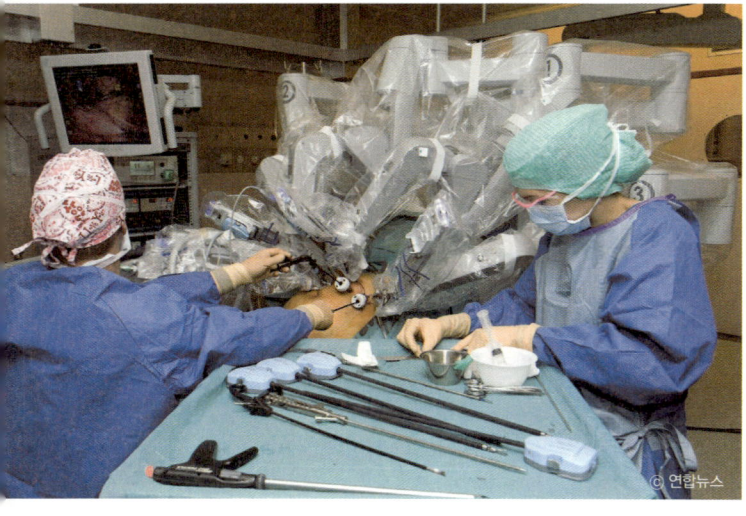

▎다빈치 외과 수술 시스템

다빈치 스스로 수술을 한 것은 아니지만 수술하는 의사의 능력이 극대화되게끔 조수 노릇을 충실히 수행했다. 로봇 팔처럼 생긴 다빈치는 환자의 몸에 만든 연필 지름 크기만 한 구멍 안으로 들어가서 의사의 지시에 따라 움직인다. 의사들은 수술대에서 몇 걸음 떨어진 곳에 앉아서 화면을 통해 확대된 수술 부위를 지켜보며 로봇 팔 끝의 초소형 수술 기구를 조작하여 미세 혈관과 신경을 손본다.

다빈치 덕분에 외과 의사들은 손 떨림 문제를 해결할 수 있을 뿐만 아니라 원격 수술의 기회를 갖게 되었다. 다빈치를 이용한 최초의 원격 수술은 1999년 9월 미국에서 이루어졌다.

한편 재활 로봇은 노인과 장애인의 재활 치료와 일상생활을 도와준다. 장애인의 도우미 노릇을 하는 로봇은 원격 로봇 기술의 초창기부터 개발되었다. 대표적인 것은 장님을 안내하는 멜독이다. 일본 정부의 후원으로 개발된 멜독에는 카메라 장치가 있어 마치 인도견처럼 앞을 바라보면서 장애물이 없는 인도를 따라 굴러간다.

일본 회사가 개발한 마이스푼(나의 숟가락) 역시 장애인을 위한 식사 도우미 로봇이다. 이 로봇은 식탁에 고정된 로봇 팔에 수저와 포크가 달려 있어 손을 쓰지 못하는 장애인들이 원하는 음식을 먹을 수 있도록 도와준다. 일본 정부는 병원에 마이스푼을 설치하도록 지원을 아끼지 않고 있다.

병원에서 환자를 돌보는 로봇은 간호 로봇이라 부른다. 간호 로봇이 할 일은 한두 가지가 아니다. 먼저 환자의 목욕 시간이 되면 간호 로봇

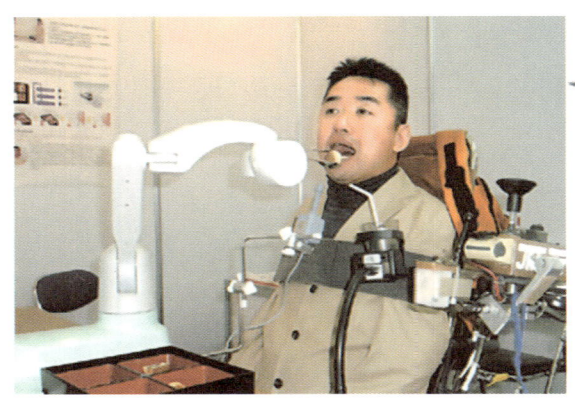

장애인을 위한 식사 도우미 로봇 마이스푼

은 잠든 아기를 안듯이 조심스럽게 환자를 침대에서 욕조로, 그리고 다시 욕조에서 침대로 옮기는 일을 한다. 또한 간호 로봇은 환자의 보행 훈련을 도울 수 있다. 로봇은 환자의 손을 잡고 그가 바라는 대로 방향을 바꾸고 걷는 속도를 조절하면서 걸음걸이 연습을 시켜 준다. 마치 간호사처럼 환자를 돌보는 로봇은 아직 나타나지 않고 있지만 장애인에게 다리 노릇을 해 주는 휠체어 로봇은 여러 종류가 개발되었다.

2003년 4월 한국과학기술원(KAIST)의 변증남(1943~) 교수는 카레스 Ⅱ라고 명명된 휠체어 로봇을 선보였다. 이 휠체어 로봇은 손을 쓰지 못하는 장애인의 눈동자나 어깨의 움직임으로 조종할 수 있다. 휠체어 로봇의 카메라가 환자 눈동자의 움직임을 읽고, 센서가 어깨의 움직임을 파악한다.

사람의 눈동자, 근육 또는 뇌에서 나오는 생체 신호는 재활 로봇 개발에 크게 활용되고 있다.

먼저 사람의 눈알은 일종의 전지이다. 각막 사이에 전압 차이가 있으므로 안구에서 전기 신호가 발생하는 것이다. 눈의 움직임에 따라 발생하는 전기 신호를 획득하여 휠체어 로봇을 움직일 수 있다.

팔의 근육이 수축할 때 미세한 방전이 일어난다. 이러한 근육 신호에 의해 움직이는 의수를 만든다. 팔이 없는 장애인들은 자신의 근육에서 나오는 전기적인 신호를 이용하여 진짜 팔처럼 의수의 움직임을 제어한다.

또한 장애인들이 자신의 뇌파, 즉 뇌에서 발생하는 독특한 파장의 전기적 신호를 이용하여 휠체어는 물론 자동차까지 운전할 수 있는 장치가 개발된다. 먼저 머리에 띠처럼 두른 장치로 뇌파를 모은다. 이 뇌파를 컴퓨터로 보내면 컴퓨터는 뇌파를 분석하여 휠체어에 지시를 내린다. 전신 마비 환자일지라도 머릿속에서 생각을 떠올리는 것만으로

국내에서 개발된 휠체어 로봇 카레스 II와 개발자 변증남 박사

자료 : 한국과학기술원 변증남 교수

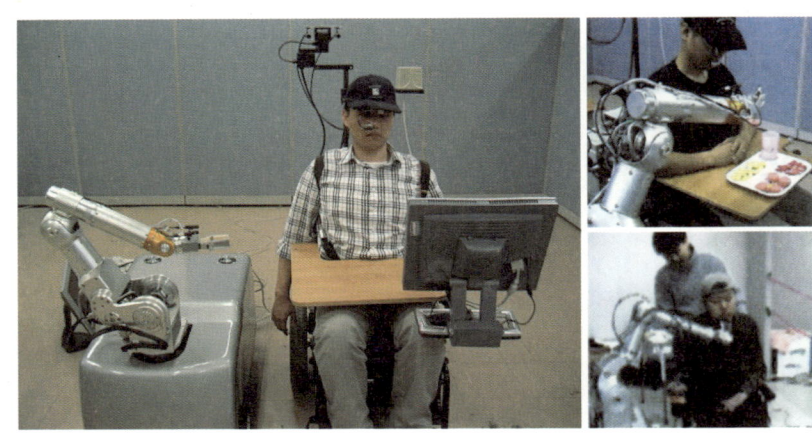

카레스 II가 환자의 시중을 들고 있다.

도 휠체어를 작동시킬 수 있는 것이다.

뇌파 조종 시스템은 장애인들의 재활에 여러모로 도움이 된다. 가령 손을 쓰지 못하는 척추 장애인들이 생각하는 것만으로 원하는 시간과 장소에서 소변을 볼 수 있도록 뇌파로 작동되는 방광 장치가 개발되었다. 1995년 일본에서는 뇌의 신호로 동작하는 의수가 개발되었다. 무게 650그램의 이 의수 로봇은 손목 부분이 없는 사람의 재활에 도움이 된다. 팔이 절단되더라도 뇌의 제어 기능은 남아 있으므로 뇌에서 근육으로 전기 신호가 전달된다. 이 의수는 이러한 신호를 이용하여 앞 팔, 손목, 손 앞쪽에 있는 3개의 초음파 모터를 제어한다. 따라서 이 의수는 뇌 신호에 의해 팔의 좌우 회전, 손목의 굽힘과 폄, 손가락의 개폐 등 복잡한 손동작을 자유롭게 할 수 있다. 의수 로봇과 함께 의족 로봇도 우리나라를 포함해서 여러 나라에서 다양하게 개발되고 있다.

궁극적으로 하반신 불수 환자의 다리 근육에 전기 장치를 이식하고 뇌파로 제어하여 보행을 가능하게 만드는 의족 로봇이 개발될 것으로 기대된다.

생체 신호를 이용하는 기술이 발달하면 2020년쯤 비행기 조종사들이 손 대신 단지 머릿속 생각만으로 복잡한 계기를 움직여 비행기를 조종하게 될 것으로 전망된다.

휠체어 로봇부터 의족 로봇에 이르기까지 기계가 사람과 결합함에 따라 인간은 사이보그가 되어 가고 있다. 사람과 기계가 한 몸에 공생하는 사이보그가 늘어나면서 사람과 로봇의 경계가 서서히 허물어질 것임에 틀림없다.

입는 로봇

재활 로봇의 새로운 형태로 입는 로봇이 출현했다. 옷처럼 입는 컴퓨터에 이어 입는 로봇이 나타난 것이다. 2003년 일본에서 선보인 근력 지원복은 간호사용으로 개발된 입는 로봇이다. 로봇 모양의 팔, 허리, 다리로 구성된다. 여성 간호사가 이 로봇 옷을 입으면 남자 환자를 번쩍 들 수 있다. 몸무게가 45킬로그램인 여자가 20킬로그램인 근력 지원복을 입으면 68킬로그램의 남성을 쉽게 들어 올릴 수 있다.

2005년 일본 츠쿠바 대학은 전신용 로봇 옷인 할을 선보였다. 이 로봇 옷을 입으면 근육을 움직일 때 생기는 미세한 전기 신호를 센서가 읽어 내서 관절 부위에 달린 모터를 작동시킴으로써 큰 힘을 들이지 않고 몸을 움직이거나 물건을 들 수 있다.

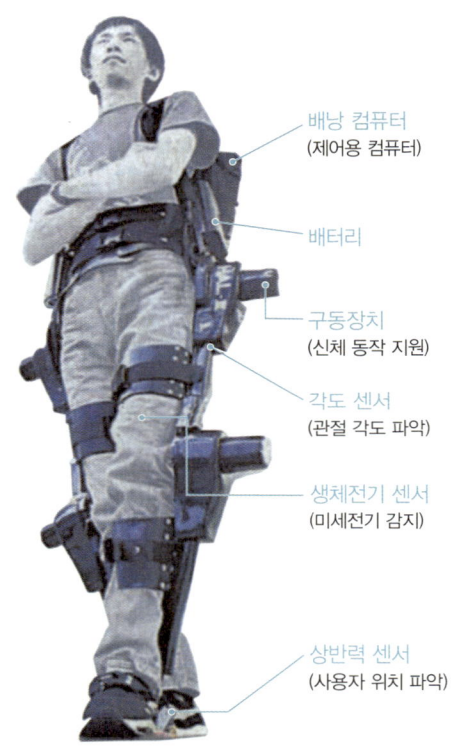

2005년 일본 츠쿠바 대학이 발표한 전신형 로봇 옷 할

2008년 10월 한양대학교 기계공학과는 국내 최초로 입는 로봇인 헥사(한양대 외골격 보조 로봇)를 개발했다. 상체는 일종의 로봇 팔이다. 힘 센서가 사람의 동작을 인식하면 로봇 팔이 작동하여 40킬로그램을 거뜬히 들 수 있다.

하체는 일종의 로봇 다리로서 장애인의 보행 보조기 역할을 한다. 압력 센서가 사람이 걸을 때 근육이 단단해지는 정도를 감지하여 로봇 다리를 움직이도록 한다. 따라서 장애인이나 노인이 힘을 들이지 않고 걸을 수 있다. 최대 45킬로그램짜리 짐을 지고도 가파른 언덕을 쉽게 오를 수 있다.

한편 입는 로봇은 전투용으로도 개발되고 있다. 1995년부터 미국 육군은 군인들이 입는 로봇 옷을 궁리한 끝에 2007년부터 개발에 착수하여 2009년 현장에서 실험을 하게 될 전망이다. 이 로봇 옷을 입으면 병사들은 평소보다 20배나 더 강력한 힘을 발휘할 수 있다. 또한 헬멧에 부착된 외국어 전환 특수 마이크를 통해서 외국어를 한마디도 못하는 병사라도 술술 말을 할 수 있게 된다.

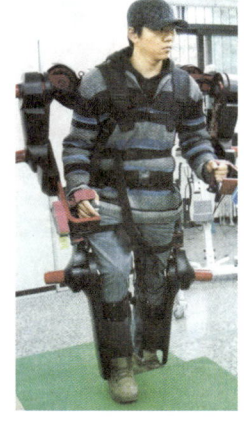

2008년 한양대학교가 개발한 입는 로봇 헥사

미국 육군이 개발 중인 로봇 옷의 시험 장면

05 군사용 로봇
전쟁터에 사람 대신 나간다

　로봇은 사람에게 도움을 주는 고마운 존재이긴 하지만, 반면에 사람을 해치는 병기로 이용되는 어두운 측면을 갖고 있다. 로봇은 전투 자동화 또는 무인화와 밀접하게 관련되어 있기 때문이다.

　전투 자동화의 목표는 전투의 네 국면, 즉 적의 병력 위치 확인, 아군이 취하게 될 군사행동 결정, 적당한 병기의 발사, 적군에게 준 손해의 평가를 모두 자동화하는 데 있다.

　이와 같이 자동화된 전쟁터에서는, 센서에 의하여 적의 병력을 감지하고 이렇게 수집된 센서의 정보는 통신망을 통해 컴퓨터로 보내진다. 컴퓨터는 대응 전략과 행동을 결정한 뒤 병기의 조준을 목표물로 맞춘다. 무기가 발사된 후 센서가 적의 피해 상황을 파악하여 그 정보를 컴퓨터로 보내면 컴퓨터는 다시 병기를 발사할 것인지 여부를 결정한다. 요컨대 센서, 통신망, 컴퓨터, 병기가 맞물린 시스템에 의하여 전투가

무인 원격 조종 정찰기 글로벌호크

자동화 또는 무인화되는 것이다.

전투 자동화가 실현될수록 병사보다 무인 병기에의 의존도가 높아진다. 대표적인 무인 병기로는 무인 항공기와 무인 지상 차량을 꼽을 수 있다.

무인 항공기는 사람이 타지 않고 모형 비행기처럼 무선으로 조종되는 원격 조종 항공기를 말한다. 제1차 세계대전 이후 대공포 사격과 공중전 훈련을 위한 과녁, 즉 표적기로 사용되었지만 제2차 세계대전 이후부터는 정찰, 기만, 공격 등 다양한 군사 행동에 동원되었다.

1991년 1월 걸프 전쟁에서 미국은 무인 항공기를 사용하여 이라크 방공망을 완전히 교란시켰다. 공군이 지상에서 발사한 무인 표적기와 해군이 비행기에서 투하한 무인 활공기는 탑재된 컴퓨터의 지시에 따라 진짜 비행기처럼 행동했기 때문에 이라크 방공 부대는 속수무책이었다.

2001년 10월 미국은 9·11 동시다발 테러의 배후로 지목한 알카에다를 응징하기 위해 아프가니스탄을 공격할 때 원격 조종 항공기인 프레데터를 앞세웠다. 그동안 무인 항공기는 정찰 감시용으로 활용되었으나 미국이 아프가니스탄 공격에서 처음으로 프레데터에 미사일을 장착하여 탈레반군을 폭격함으로써 무인 공격기 시대가 열렸다.

2002년 12월 예멘에서 프레데터는 알카에다 지도자와 테러 용의자들이 탄 차량을 미사일로 공격해 모두 숨지게 했다.

2003년 3월 미국은 '충격과 공포' 작전으로 이라크를 침공하면서 1991년 걸프전 때와 비교할 수 없을 정도로 성능이 개선된 순항 미사일, 전자 폭탄, 정밀 유도 폭탄, 스텔스 폭격기, 무인 항공기 등 첨단 무기로 온 세계를 충격과 공포 속으로 몰아넣었다.

무인 항공기는 중거리 중저 고도용인 프레데터와 함께 장거리 고도용인 글로벌호크가 위력을 떨쳤다. 글로벌호크는 최대 5,500킬로미터 떨어진 곳까지 날아가 18킬로미터 상공에서 24시간 이상 머물면서 적군의 동태를 샅샅이 감시할 수 있는 원격 조종 정찰기이다.

한편 미국 국방성(펜타곤)은 사람에 의해 조종되는 무인 항공기와 달리 사람처럼 행동하는 무인 병기를 개발하였다. 1985년부터 10개년 계획으로 무인 지상 차량의 연구를 시작하였다. 무인 지상 차량은 지상에서 스스로 정찰 임무를 수행하고, 장애물을 피해 나가서 목표물을 공격할 수 있는 로봇 탱크이다.

펜타곤은 무인 차량의 초기에는 바퀴를 사용하지만 궁극적으로는 다리를 달아 줄 계획이었다. 말하자면 사람처럼 걸어 다니는 컴퓨터 보병을 꿈꾸었다. 따라서 미국 언론들은 이 무인 차량을 살인 로봇이라고 불렀다. 펜타곤은 이러한 보행 로봇이 표범이나 사자와 같은 야수가 사냥감을 발견하고 슬그머니 접근하는 정도의 행동을 연출해 내기를 희망했다. 동물의 공격적인 본능을 가진 살인 로봇끼리 사람을 대신하여 육박전을 벌이게 되기를 바란 셈이다. 전투 자동화 또는 무인화의 극치라 아니할 수 없다.

그러나 펜타곤의 야심 찬 계획과는 달리 무인 차량 개발은 난관에 봉착하였다. 하향식 인공 지능 기술의 한계 때문이었다. 결국 신경망 기술로 접근하여 사람처럼 스스로 학습하는 능력을 무인 차량에 부여하였다. 펜타곤의 기대에 부응한 대표적인 연구 성과는 카네기 멜론 대학의 내브랩이다. 군용 트럭을 개조한 내브랩은 사람의 조종을 받지 않고 자율적으로 정찰 또는 공격 임무를 수행하는 로봇 자동차이다.

2004년 3월 펜타곤은 로봇

전투용 로봇 자동차 내브랩

2005년 '대단한 도전'에 출전한 로봇 자동차가 사막을 달리고 있다.

자동차 경주 대회를 개최하였다. 대회 명칭은 '대단한 도전'이다. 출전 자격은 사람의 도움을 전혀 받지 않고 스스로 상황을 판단하여 속도와 방향을 결정할 뿐만 아니라 장애물을 피해 갈 줄 아는 무인 차량에게만 주어졌다. 내브랩 수준의 자율 로봇이 아니고서는 참가할 수 없는 대회였다. 로봇 자동차들은 미국 서부의 사막에서 483킬로미터 구간을 10시간 안에 완주해야 한다. 우승 상금은 100만 달러였다. 상세한 경주 코스는 대회 시작 두 시간 전에야 공개되었다. 25종의 로봇 자동차가 출전했으나 결승선을 통과하기는커녕 코스의 5퍼센트 이상을 내달린 차량조차 나타나지 않았다.

2005년 10월 미국 남서부의 사막에서 로봇 자동차 경주 대회가 다시 열렸다. 펜타곤은 우승 상금을 200만 달러로 올렸다. 23종의 로봇 자동차가 출전하여 무려 5대가 결승선에 도착했다. 우승은 평균 시속 30.7킬로미터로 6시간 54분 만에 완주한 스탠리에게 돌아갔다.

자율적인 로봇 자동차의 출현은 전투 자동화 또는 무인화가 현실로 다가오고 있음을 상징적으로 보여 준다. 싸움터에서 사람이 사라지고 감정이 없는 무자비한 로봇 무기가 주역으로 등장할 날도 멀지 않았는지 모른다. 일각에서는 무공훈장이 군인보다는 로봇 공학 전문가, 나아가서는 보고 듣고 걸을 줄 아는 살인 로봇의 몫이 될 것이라고 비꼬기도 한다.

이와 같이 전투가 자동화됨에 따라 로봇 병기에 대한 인간의 통제가 불가능해질수록 그만큼 사령관도 모르는 사이에 컴퓨터 프로그램의 지시로 전쟁이 발발할 개연성을 우려하는 목소리가 높아지고 있다. 컴퓨터의 고장이나 잘못된 동작으로 위기를 초래한 사례가 한두 번이 아니기 때문이다.

이를테면 걸프 전쟁에서 미국 육군 방공 부대의 미사일인 패트리어트를 통제하는 컴퓨터에 문제가 생겨 병사들이 떼죽음을 당한 적이 있다. 지상전이 거의 끝나 갈 무렵에 이라크의 스커드 미사일이 미군 막사에 떨어져서 저녁 식사를 위해 모여 있던 병사들이 28명 죽고 97명의 부상자가 나왔다. 걸프전 최대 규모의 미군 피해였다. 컴퓨터의 잘못으로

▪ 밀리봇은 종류가 다양하다.

패트리어트가 발사될 수 없었기 때문에 당한 피습이었다. 인간의 생사가 컴퓨터의 손에 달려 있음을 보여 준 불행한 사태라고 아니할 수 없다.

펜타곤은 로봇 무기뿐만 아니라 다양한 군사 작전에 사용될 소형 로봇도 개발하고 있다. 1998년 펜타곤은 로봇 연구진들에게 다음과 같은 시나리오를 제시하였다. 테러리스트들이 건물을 점유하고 여러 사람을 인질로 잡는다. 그들은 입구를 봉쇄하고 창문을 가린다. 따라서 아무도 테러리스트들이 몇 명이며 어떤 무기를 갖고 있는지 알 수 없다. 물론 인질의 수도 파악되지 않는다. 그러나 특수 요원들이 순식간에 사무실로 뛰어들어 테러리스트들을 몽땅 사로잡는다.

펜타곤의 시나리오처럼 전광석화 같은 작전을 펼치는 데 필요한 정보를 구하려면 작은 로봇 군단이 필요하다. 작은 로봇들은 건물의 환기 장치를 통해 건물 안으로 잠입한다. 어떤 로봇은 사람의 대화를 엿듣는 마이크로폰이 달려 있고, 어떤 로봇은 생화학 무기의 냄새를 맡는 센서가 붙어 있다. 다양한 기능을 가진 작은 로봇들은 서로 협력하여 수집한 정보를 신속하게 작전 본부로 보낸다. 요컨대 펜타곤은 군인들이 등에 지고 다니면서 마치 팝콘처럼 마룻바닥에 뿌릴 수 있을 정도로 작은 정찰용 로봇의 개발을 주문한 셈이다.

로봇 공학자들은 다양한 접근 방법으로 정찰 로봇을 개발하고 있다. 예컨대 바퀴벌레를 본뜬 로봇, 수류탄처럼 창문을 통해 투척되는 로봇, 장애물 위로 기어가거나 관 속을 통과하는 뱀 로봇 등 크기가 성냥갑 자동차 정도에 불과하여 독자적으로는 많은 일을 처리하지 못하지만 서로 힘을 합치면 펜타곤의 시나리오를 성공적으로 수행할 수 있는 이른바 '밀리봇 군단'이 몰려오고 있다.

이지스와 롭해즈

2004년 10월 우리나라에서 개발된 이지스와 롭해즈가 자이툰 부대와 함께 이라크로 떠났다. 자이툰 부대는 2004년 8월 테러와 전쟁으로 시달리는 이라크의 재건을 돕기 위해 파견된 평화 재건 사단이다. 쿠르드 족이 주로 사는 북부 지역에서 건설 공사로 첫 임무를 시작하였다. 2004년 12월 8일 노무현 대통령은 유럽 순방을 마치고 귀국하는 길에 자이툰 부대를 전격 방문하여 병사들과 감격의 포옹을 나누었다.

국내의 방위산업체가 개발한 이지스는 그리스 신화에서 제우스 신이 들고 다니는 방패의 이름을 따서 명명된 전투 로봇이다. 이지스는 2킬로미터 이내에서 움직이는 모든 물체를 포착하여 24시간 주야로 경계 임무를 수행할 수 있다. 또한 소총이 장착되어 있으므로 전투 상황이 발발할 경우 로봇에 내장된 컴퓨터로 거리를 계산하여 명중률이 100퍼센트에 가깝게 사격할 수 있다. 우리나라 국군이 전투 능력을 갖춘 로봇을 실전에 배치한 것은 이지스가 처음이다.

전투 로봇 이지스

한편 한국과학기술연구원(KIST)이 개발한 롭해즈는 위험한 작업을 하는 원격 로봇이다. 라면 상자 정도 크기의 작은 로봇이다. 롭해즈는 민간과 군사용으로 동시에 이용 가능하다. 민간용으로는 화재나 테러 등 재난이 발생할 때 구조 작업에 투입되며, 군사적으로는 지뢰 탐지와 제거 또는 위험 지역의 수색과 정찰에 활용된다.

롭해즈는 건물 안에서 계단 등반이 가능하고, 야외에서는 둔덕과 같은 험준한 지형을 손쉽게 돌파할 만큼 이동성이 뛰어나다. 실내에서 문을 여닫거나 폭발물을 조작할 정도로 기능이 우수한 손과 발이 장착되어 있다.

롭해즈는 이라크 북쪽의 자이툰 부대 작전 지역에 투입되어 폭발물 제거 작업과 위험 지역의 정찰 등을 수행한다. 롭해즈는 밤낮으로 도로에서 폭발물 수색 작전을 펼치는데, 폭발물을 발견하면 원격 조작을 통해 폭발물을 해체한다.

위험 작업 로봇 롭해즈

롭해즈의 작동 원리와 구조

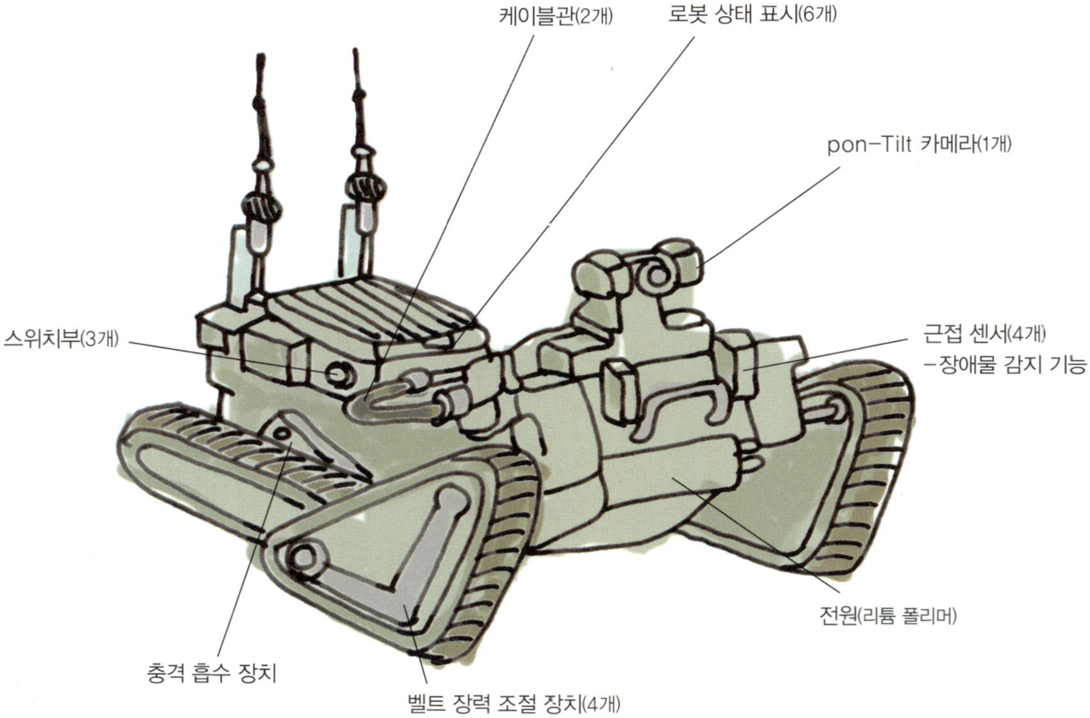

- 케이블관(2개)
- 로봇 상태 표시(6개)
- pon-Tilt 카메라(1개)
- 근접 센서(4개) -장애물 감지 기능
- 스위치부(3개)
- 전원(리튬 폴리머)
- 충격 흡수 장치
- 벨트 장력 조절 장치(4개)

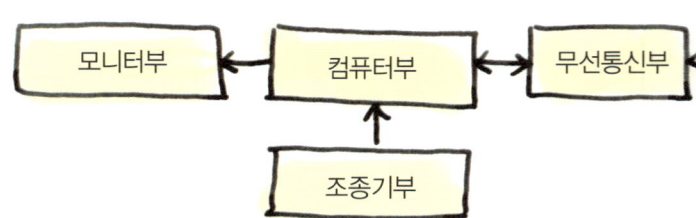

모니터부 ← 컴퓨터부 ← 무선통신부
　　　　　　　↑
　　　　　　조종기부

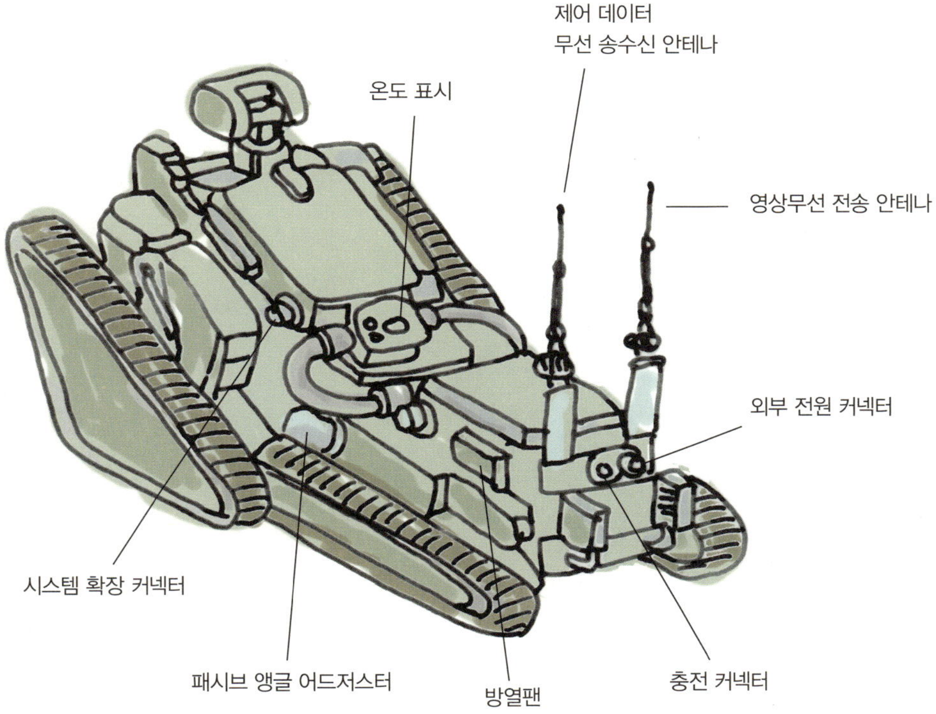

제어 데이터
무선 송수신 안테나
온도 표시
영상무선 전송 안테나
외부 전원 커넥터
시스템 확장 커넥터
패시브 앵글 어드저스터
방열팬
충전 커넥터

자료 : (주)유진로보틱스 롭해즈 연구소

무선통신부
컴퓨터부
주행모터부
트랙부
카메라부
카메라모터부
제어부
센서부

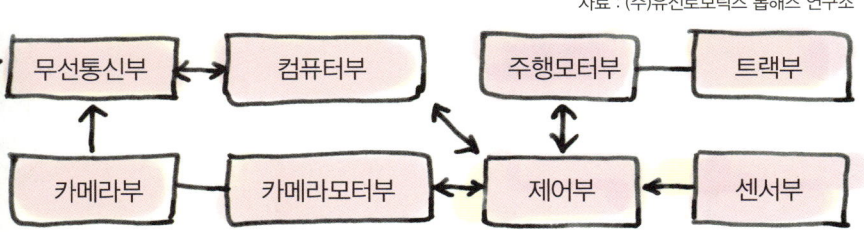

4부 미래의 로봇

로봇과 함께 미래를 그린다

01 마이크로 로봇
생각하는 먼지가 된다

전자 부품과 기계 장치를 작게 만드는 기술이 발전하면서 눈으로 볼 수 없을 정도로 작은 로봇의 제작이 가능하게 되었다. 실리콘 반도체 기판 위에 지름이 수백 미크롱에 불과한 기계 장치를 만들어 넣을 수 있게 되었기 때문이다.

1미크롱(또는 마이크로미터)은 100만분의 1미터이다. 맨눈으로 볼 수 없을 만큼 작은 기계 장치들, 예컨대 모터, 기어, 베어링, 스프링 따위를 만드는 기술은 마이크로 기술이라 하며, 이러한 기술을 이용한 로봇은 마이크로 로봇이라 불린다.

국내에서 개발된 캡슐형 로봇

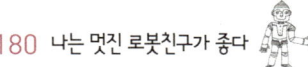

1988년 미국의 리처드 밀러 교수는 지름이 120미크롱인 초소형 모터를 개발했다. 정전기의 힘으로 1분에 500번을 회전하는 이 마이크로 모터는 현미경으로 수백 배 확대하지 않으면 그 구조가 보이지 않을 정도로 작다. 최초의 마이크로 기계인 이 모터의 제작을 계기로 마이크로 기술에 대한 연구에 불이 붙는다.

마이크로 로봇은 사람은 물론 큰 로봇이 작업을 할 수 없는 영역, 즉 현미경 아래로 끝없이 펼쳐지는 미시의 세계에서 사람 대신 임무를 수행한다. 이를테면 인체의 혈관 안에 들어가 수술을 한다. 이러한 마이크로 수술은 현미경 밑에서 이루어지는 외과 수술이므로 현미 수술이라고도 불린다.

현미 수술의 아이디어는 1966년 개봉된 공상 과학 영화 〈환상 여행〉으로 거슬러 올라간다. 수술이 불가능한 뇌 질환에 시달리는 환자를 구하기 위해 의사와 잠수정을 세균 크기로 축소하여 환자의 몸속으로 침투시킨다. 이들은 혈류를 따라 여행하여 뇌에 도달한다. 환자의 뇌에서 생명을 위협하는 혈전을 제거한 뒤 환자가 흘리는 눈물을 통해 세상 밖으로 나온다.

〈환상 여행〉에서처럼 사람의 몸 안에 들어가서 질병 치료를 하는 마이크로 로봇은 활발하게 개발되고 있다. 일본 도후쿠 대학에서 제작한 길이 8밀리미터, 지름 1밀리미터 미만의 모래알만 한 혈관 유영 로봇은 사람의 혈관 안에서 헤엄치며 돌아다닌다.

이러한 로봇의 성능이 개선되어 혈관을 치료할 수 있다면 심장 질환

치료에 크게 도움이 될 것이다. 가령 심장이 뛸 수 있도록 영양분을 공급하는 관상동맥의 질환은 생명을 위태롭게 하는 요인이지만 수술에 의한 치료는 위험할 뿐만 아니라 재발 가능성이 높다. 근본적인 치료는 심장 혈관 내의 불순물을 제거하는 것이다. 따라서 혈관을 검사하고 치료하는 마이크로 로봇에 거는 기대가 클 수밖에 없다.

한국과학기술연구원(KIST)의 전문가들은 알약처럼 먹는 캡슐형 내시경 로봇을 개발했다. 초소형 내시경을 입 안으로 삼키면 이 알약은 목구멍을 지나 항문으로 배설될 때까지 위와 창자 등 소화 기관을 거치면서 각 부위의 실시간 영상을 무선으로 의사들에게 보내 준다. 먹는 캡슐형 내시경은 소화기 계통의 환자를 진단하는 데 아주 효율적인 마이크로 로봇이다.

수술용 마이크로 로봇도 개발되고 있다. 좋은 예가 복강 로봇이다. 영국에서 제작된 이 초소형 로봇은 인체에 들어가서 의사가 지시하는 위치를 스스로 파악하여 배 안에서 움직인다.

캡슐형 내시경 로봇

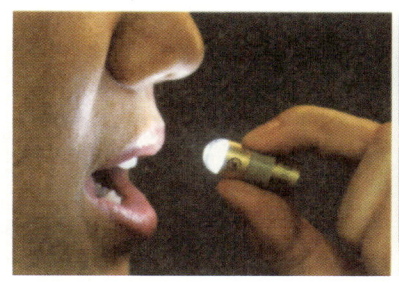

캡슐형 내시경 로봇은 알약처럼 먹는다.

 의료용 마이크로 로봇은 인체의 어디에나 뚫고 들어가 진단과 치료 등 여러 가지 임무를 수행할 수 있는 소구경 내시경, 현미 수술에 사용되는 마이크로 로봇, 질병을 진단 및 치료하는 캡슐형 마이크로 로봇, 모세혈관이나 장기의 세포 사이로 비집고 들어가 치료하는 마이크로 로봇 등이 연구되고 있다. 이러한 로봇들을 사용하게 되면 진단과 치료의 고통을 크게 줄여 줄 뿐만 아니라 약물을 환부로 정확히 투입할 수 있을 것이다.

 게다가 진단이나 검사가 충분히 이루어지기 어려운 부위인 뇌, 신경계, 관상동맥 등 미세한 혈관은 물론이고 신생아나 태아와 같은 어린 신체에 대한 진단과 치료가 가능해지기 때문에 의료 기술이 획기적으로 발전하게 된다.

 마이크로 로봇의 활용이 크게 기대되는 두 번째 분야는 환경 응용 마이크로 로봇이다. 이러한 로봇은 자연에서 쉽게 분해되는 재료를 이용하는 자연 친화적인 로봇으로서, 쉽게 만들 수 있으며 사용한 뒤 회수하지 않고 버리더라도 쉽게 분해되어 자연으로 되돌아가는 일회용

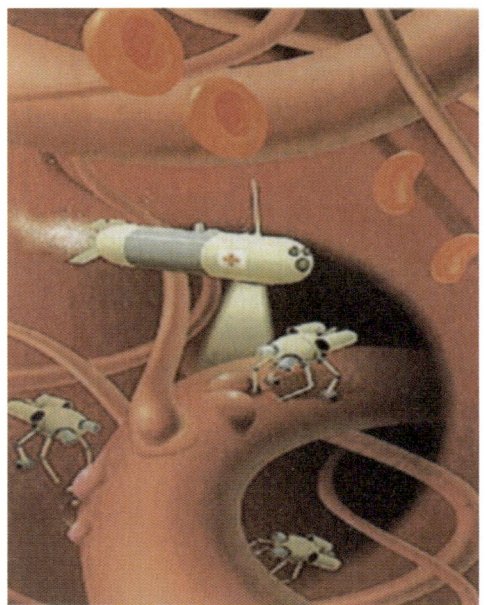

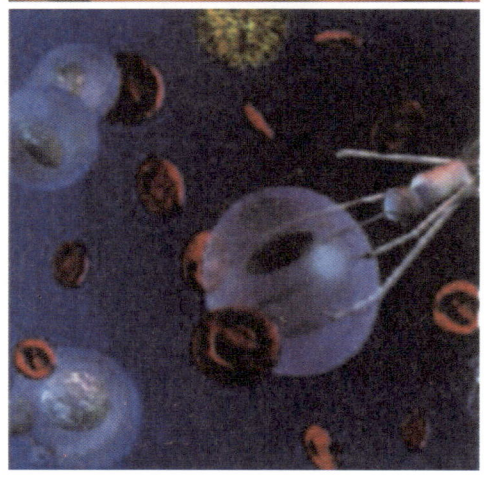

▬
마이크로 로봇이 몸속에서 직접 치료를 하고 있다.

로봇이다.

그 밖에도 환경 응용 마이크로 로봇은 대기 및 수중에서 오염 방지를 위해 오염원을 검사한다.

환경 응용 마이크로 로봇은 미국과 일본을 중심으로 활발하게 연구된다. 미국에서는 환경 감시 로봇과 초소형 비행 로봇에 대한 연구가 진행되고 있다. 환경 감시 로봇은 환경 및 생태계를 탐사하고 기록하는 마이크로 로봇이다.

환경 감시 및 군사용 목적으로 활용 가능한 초소형 비행 로봇은 곤충처럼 소리 없이 날아다니는 마이크로 로봇이다. 마이크로 곤충 로봇은 재해 현장이나 위험 지역에서 인간을 대신하여 환경 정보를 얻어내거나 군사적 목적으로 사용된다. 특히 생화학 무기에 의한 테러 현장에서 피해 상황을 확인할 수 있다.

일본에서는 마이크로 기러기 로봇과 마이크로 물고기 로봇이 연구된다. 마이크로 기러기 로봇은 환경 및 생태계의 변화를 탐지하고 기록한다. 기러기 로봇으로 하여금 새들과 함께 생활하고 행동하게 한다면 생태계를 보다 정확하게 관찰하여 문제점을 발견할 수 있을 것이다. 이러한 기술을 다른 생명체에 응용한다면 산업화에 따른 환경 파괴와 지구 온난화로 인하여 위협받고 있는 생태계를 보전할 수 있는 대책 마련이 가능할 것으로 기대된다.

마이크로 물고기 로봇은 우리나라 연구진들도 많은 관심을 갖고 있다. 오늘날 우리나라 수도관의 총연장 길이는 114,000킬로미터를 웃돌며 수도관의 노후화로 인하여 발생하는 누수 때문에 연간 4,000억 원의 경제적 손실을 초래하고 있다. 게다가 식수원 오염 문제가 갈수록 심각해지는 실정이다. 따라서 환경 친화적인 재료로 일회용의 마이크로 물고기 로봇을 개발하여 상수도관 누수 검사와 상수원 감시에 사용하면 경제적으로 이익일 뿐만 아니라 환경 보호 측면에서 효과적일 것이다.

마이크로 로봇은 의료 분야와 환경 분야뿐만 아니라 우주 항공, 각종 시설의 유지 보수, 생명 공학, 건설 산업 등에 광범위하게 활용되어 인간의 복지와 삶의 질 향상에 이바지할 것으로 기대된다.

생각하는 먼지

스마트 더스트(영리한 먼지)라 불리는 눈에 보이지 않는 인조 먼지가 하늘을 뒤덮을 날이 다가오고 있는 것 같다. 1998년부터 펜타곤의 지원하에 크리스 피스터가 개발한 스마트 더스트는 무선 센서이다. 현재 크기는 성냥갑만 하지만 1입방밀리미터로 축소될 예정이다.

스마트 더스트는 주변 환경의 정보를 감지하며, 서로 무선으로 연결된다. 스마트 더스트를 뿌려 놓으면 이들은 네트워크를 만들어 어디에서건 거의 모든 것의 정보를 수집한다.

2001년 3월 스마트 더스트 여섯 개를 두인 비행기로 지상에 낙하했다. 스마트 더스트는 땅에 떨어지자마자 네트워크를 형성하고 길 위를 달리는 탱크와 군용 차량의 움직임에 관한 정보를 수집했다. 스마트 더스트는 차량의 속도를 계산하여 그 결과를 무인 비행기로 전송할 정도로 임무를 완벽하게 수행했다. 2003년 7월에는 이보다 더 까다로운 일을 성공적으로 처리했다. 스마트 더스트 100개로 군대의 이동 상황에 관한 정보를 수집한 것이다. 스마트 더스트는 펜타곤이 기대한 대로 스파이 역할을 멋지게 해낸 셈이다.

스마트 더스트는 군사용 말고도 쓰임새가 많다. 특히 자연재해로부터 피해를 줄이는 데 크게 도움이 될 것 같다. 지진 발생 후에 고층 건물의 안전도 검사에는 오랜 시간과 많은 비용이 소요된다. 그러나 진동을 감지하는 센서가 달린 스마트 더스트를 건물의 주요 구조물에 미리 뿌려 두면 지진으로 인한 진동의 정도를 곧장 계산해 낼 수 있다.

스마트 더스트는 일상생활에 활용될 가능성이 많다. 예컨대 사무실에서 근무자의 옷에 스마트 더스트를 부착하면 실내 온도를 측정하여 건물의 냉난방 장치로 신호를 보내 온도를 조절한다. 손가락에 스마트 더스트를 붙이면 컴퓨터 자판 대신 손가락의 움직임만으로도 컴퓨터를 작동할 수 있다. 또한 아기들의 기저귀에 스마트 더스트가 붙어 있으면 아기의 위치와 상태를 감시하여 위험한 상황일 때 경보음이 울리게 된다. 일부에서 영리한 먼지가 인간의 사생활을 침해할 가능성을 우려할 만도 하다.

기능이 다른 세 종류의 스마트 더스트가 자동차 안에서 임무를 수행하고 있다.

캡슐형 내시경 로봇의 작동 과정과 구조

초소형 내시경 로봇을 입 안으로 삼키면 이 알약은 목구멍을 지나 항문으로 배설될 때까지 위와 창자 등 소화 기관을 거치면서 각 부위의 실시간 영상을 무선으로 의사들에게 보내 준다. 먹는 캡슐형 내시경 로봇은 소화기 계통의 환자를 진단하는 데 아주 효율적인 마이크로 로봇이다.

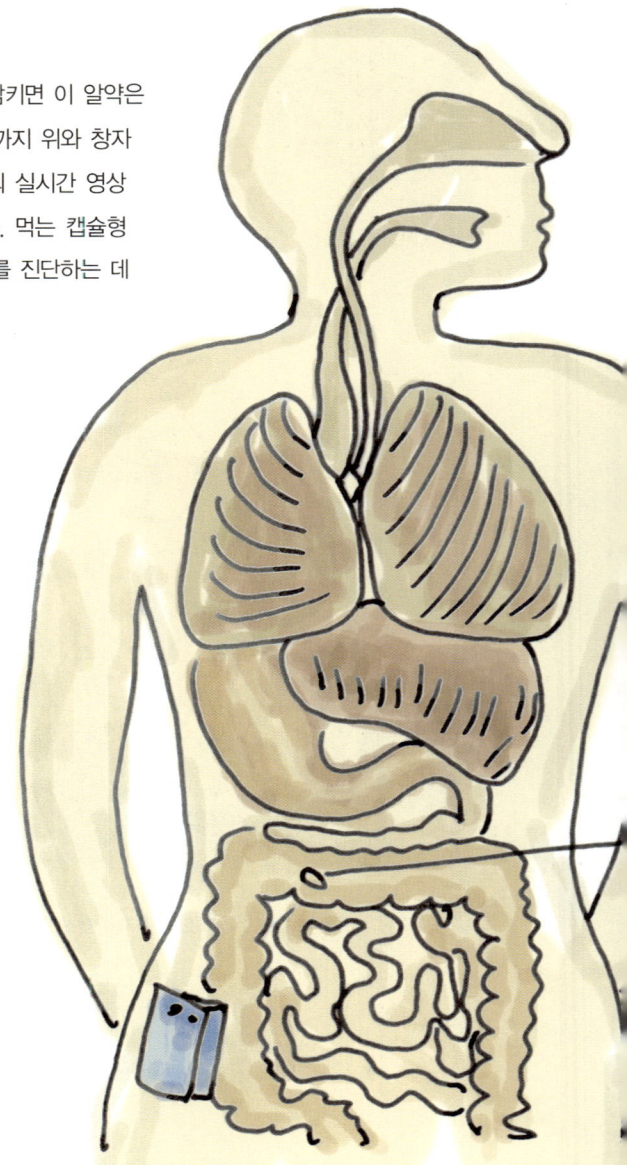

➡ 캡슐형 내시경 로봇의 구조

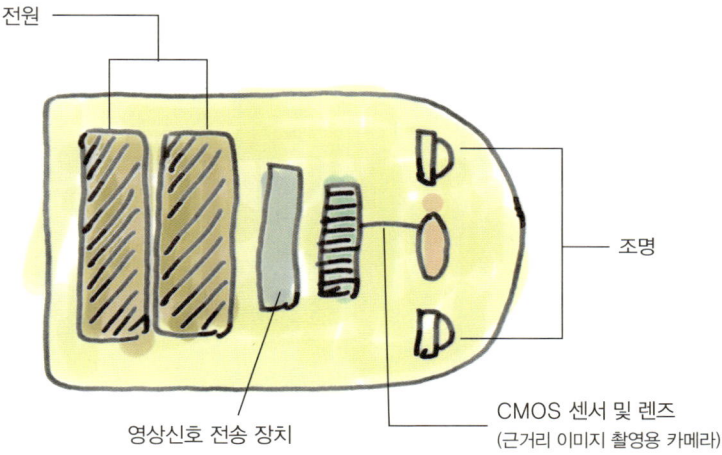

○ 캡슐형 내시경 로봇이 대장에서 촬영한 사진을 실시간 영상으로 볼 수 있다.

자료 : 한국과학기술연구원 지능형마이크로시스템개발사업단

02 나노 로봇
바이러스는 네게 맡긴다

마이크로 로봇보다 훨씬 작은 나노 로봇이 모습을 드러낼 날이 서서히 다가오고 있다. 나노 로봇은 나노 기술로 만드는 나노 기계의 일종이다.

석탄과 다이아몬드는 똑같이 탄소 원자로 구성되어 있지만 원자 배열 상태가 달라 하나는 값싼 땔감으로, 다른 하나는 값비싼 보석으로 사용된다. 이와 같이 물질의 특성과 값어치는 원자 배열에 따라 결정된다. 그러므로 원자 배열을 바꿔 줄 수 있다면 얼마든지 새로운 물질을 만들어 낼 수 있다.

몇 개의 원자가 서로 결합하면 분자가 된다. 원자와 분자의 크기는 나노미터(nm)로 측정된다. 1나노미터는 10억분의 1미터로서 사람 머리카락 굵기의 5만분의 1에 해당된다. 이처럼 극미한 원자나 분자를 조작하여 전혀 새로운 성질과 기능을 가진 물건을 만드는 기술을 나노 기술이라 한다. 요컨대 나노 기술은 나노미터 수준에서 물질을 조

나노 로봇이 적혈구 세포 주변을 돌면서 바이러스를 찾고 있다.

작하는 기술이다.

　1981년 원자나 분자를 눈으로 볼 수 있을 뿐만 아니라 조작도 가능한 주사 터널링 현미경(STM)이 발명됨에 따라 비로소 나노 기술의 실현 가능성이 엿보이기 시작했다. 1990년 미국 IBM 연구진들은 주사 터널링 현미경으로 35개의 크세논 원자를 정확하게 배열하여 회사 이름의 글자를 만들었다. 마침내 인간이 원자의 세계를 조작할 수 있는 능력을 갖게 되었기 때문에 1990년은 나노 기술의 원년으로 자리매김된다.

2000년 1월 미국의 빌 클린턴 대통령은 정부 차원의 나노 기술 육성 계획을 발표하면서 나노 기술을 '미국 의회 도서관에 소장된 모든 정보를 한 개의 각설탕 크기 장치에 집어넣는 기술'이라고 표현하였다.

나노 기술은 거의 모든 산업 분야에 엄청난 영향을 끼칠 것임에 틀림없다. 특히 제조 산업과 의료 분야에 혁명적인 변화를 초래할 것으로 예측된다.

제조 부문의 경우 나노 기술로 물질의 구조를 완벽하게 제어할 수 있으므로 상상할 수 없을 정도로 다양한 스마트 물질, 곧 지능 물질을 창조할 수 있다. 가령 스마트 옷은 얇은 섬유 안에 센서, 컴퓨터, 모터 등 나노 기계가 들어 있으므로 날씨나 습도의 변화에 따라 옷감 스스로 모양과 질감을 바꿀 수 있다.

나노 기술이 의학에 미칠 영향은 상상을 불허한다. 질병을 일으키는 바이러스가 나노 기계이기 때문이다. 이러한 자연의 나노 기계를 인공의 나노 기계로 물리치려는 발상이 나노 의학의 출발점이다. 나노 크기의 로봇, 곧 나노 로봇(또는 나노봇)을 인체에 주입하면 잠수함처럼 혈류를 따라 떠돌면서 바이러스를 박멸하거나, 세포 안으로 들어가서 자동차 정비공처럼 손상된 부위를 수리한다. 이론적으로는 나노 의학으로 치료가 불가능한 질병은 거의 없어 보인다.

낙관론자들은 나노 의학의 가능성 때문에 나노 기술을 인류의 굴레인 노화와 사멸까지 방지하는 만병통치약으로 여기고 있지만 부정적인 측면을 간과할 수 없다. 혹시나 나노 기술이 전쟁이나 테러에 쓰인다면 눈으로 식별이 불가능한 나노봇 등 나노 무기의 파괴력은 핵무기 못지않을 것으로 여겨진다.

게다가 '어셈블러'의 자기 복제 기능으로 말미암아 인간의 힘으로 통제 불가능한 재앙이 발생할 개연성이 없지 않다. 어셈블러는 원자나 분자를 원료로 사용하여 유용한 거시 물질의 구조로 조립해 내는 나노 기계이다. 만일 이 나노봇이 어떠한 물체도 조립해 낼 수 있다면 자기 자신도 만들어 내지 말란 법이 없다. 말하자면

에릭 드렉슬러

자기 자신도 복제할 수 있다. 이 나노봇은 생물체의 세포처럼 자기 증식이 가능하기 때문에 얼마 뒤에 두 번째 나노봇을 얻게 되고, 조금 지나서는 네 개, 여덟 개 등 기하급수적으로 증식하게 될 것이다.

가령 인체 안에서 활동하는 나노봇이 암세포를 죽이기는커녕 암세포 못지않게 빠른 속도로 증식한다면 생명이 위태로워질 것이다. 유독 쓰레기를 제거하기 위해 뿌려 놓은 나노봇이 자기 복제를 멈추지 않으면 지구는 로봇 떼로 뒤덮일지 모른다.

어셈블러의 개념을 제안한 인물은 미국의 에릭 드렉슬러(1955~) 박사이다. 그는 1986년 나노 기술의 이론을 소개한 최초의 저술로 평가되는 『창조의 엔진』을 펴냈다. 이 책에서 드렉슬러는 당대의 과학 이론

으로는 도저히 실현 불가능한 나노 기술의 미래를 펼쳐 보여 많은 과학자들로부터 한때 몽상가로 따돌림을 당했다. 특히 어셈블러의 자기 복제 기능은 농담으로 받아들여졌다.

드렉슬러는 수백만 개의 자기 증식 나노 기계가 지구 전체를 뒤덮게 되는 상태를 '그레이 구(잿빛 덩어리)'라고 명명했다. 그레이 구 상태가 되면 인류는 최후의 날을 맞게 된다는 것이다.

드렉슬러의 이론을 지지하는 사람들은 나노봇이 특정 임무를 마치거나 소정의 활동 시간이 경과한 뒤에, 자기 증식이 정지되거나 스스로 자살하게 만드는 소프트웨어를 개발하면 그레이 구의 재앙은 모면할 수 있다고 주장한다.

그러나 많은 과학자들은 자기 복제가 가능한 나노봇은 근본적으로 실현 불가능한 공상이라고 비웃는다. 특히 1996년 노벨화학상을 받은 나노 기술 이론가인 미국의 리처드 스몰리(1943~2005) 교수는 드렉슬러의 어셈블러는 과학과 환상의 세계에 양다리를 걸친 허무맹랑한 농담이라고 일소에 부친다.

리처드 스몰리

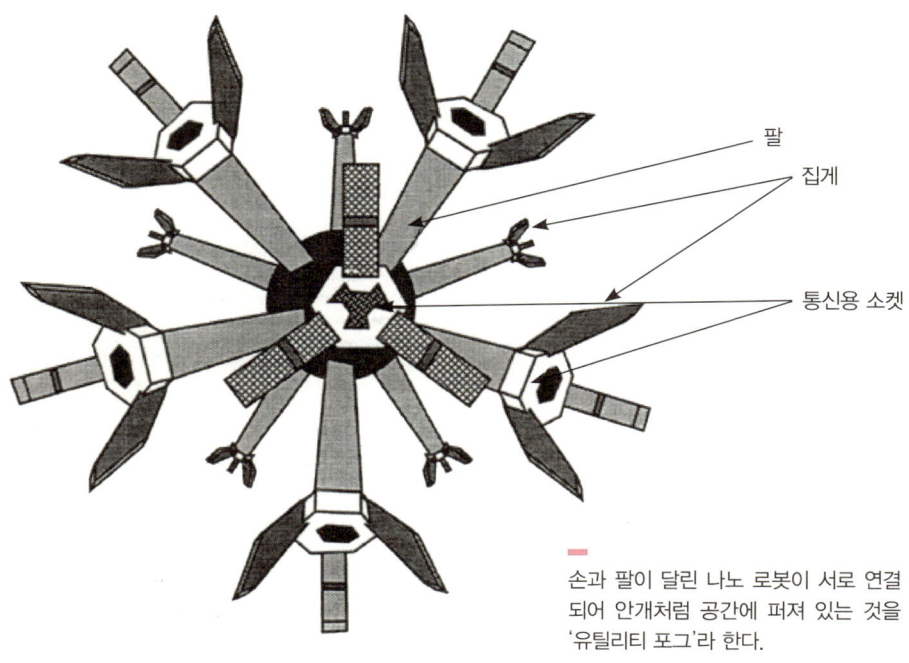

팔
집게
통신용 소켓

손과 팔이 달린 나노 로봇이 서로 연결되어 안개처럼 공간에 퍼져 있는 것을 '유틸리티 포그'라 한다.

그러나 2000년 4월 컴퓨터 이론가인 미국의 빌 조이(1954~)는 세계적 반향을 불러일으킨 논문인 「왜 우리는 미래에 필요 없는 존재가 될 것인가」를 발표하고 드렉슬러의 아이디어에 전폭적인 공감을 나타냈다. 조이는 자기 증식하는 나노봇에 의해 인류가 재앙을 맞게 될지 모른다고 깊은 우려를 표명했다.

전문가들에 따르면 2030년쯤이면 잠수함처럼 혈액 속을 헤엄치고 다니면서 병든 세포를 치료하는 나노봇이 출현할 것 같다. 자기 복제 기능을 가진 로봇은 2045년경에 나타날 것으로 전망된다. 어셈블러가 개발되면 '유틸리티 포그'가 실현될 가능성이 높다.

유틸리티 포그는 포글렛이라 불리는 사람 세포 크기의 나노봇으로 시작한다. 포글렛은 각 방향으로 열 개의 팔을 갖고 있다. 팔의 끝에는 손가락 같은 게 달려 있어 포글렛끼리 커다란 구조로 뭉칠 수 있다. 이 나노봇들은 지능이 높다. 따라서 포글렛끼리 뭉치면 지능이 합쳐지고 사람의 뇌처럼 분산된 지능을 갖게 된다. 포글렛으로 채워진 공간을 유틸리티 포그라고 한다. 사람들은 수조 개의 포글렛으로 채워진 방 안을 아무 느낌 없이 걸어 다닐 수 있다.

유틸리티 포그는 아무 데도 존재하지 않는 듯이 보일 수 있다. 말하자면 유틸리티 포그는 이름 그대로 안개(포그)처럼 보이지 않지만 쓸모 있는 물건(유틸리티)이다. 요컨대 유틸리티 포그는 최대한의 유연성을 가진 가상 환경을 구축한다.

 ## 자기 복제하는 로봇

2005년 5월 미국 코넬 대학의 연구진은 자기 복제하는 로봇인 큐빅을 선보였다.

큐빅은 이동이 가능한 정육면체(큐브)로 만들어졌다. 한 변이 10센티미터인 각 큐브에는 몇 가지 로봇 모양을 설계하는 정보를 담은 컴퓨터 부호(코드)와 전자 자석(마그네틱)이 내장되어 있다. 큐브는 명령을 받으면 불과 1분여 만에 주어진 모양 설계 정보에 따라 각각 돌거나 뒤집히면서 짝을 맞추어 서로 달라붙어 모양을 만든다. 요컨대 큐빅은 스스로 자신의 형태를 바꿀 수 있는 것이다.

또한 큐브를 계속하여 제공해 주면 큐빅은 같은 동작을 반복해서 스스로 같은 모양을 만들어 나간다. 말하자면 기계적인 자기 복제를 하는 셈이다.

큐빅은 우주 탐사에 사용될 수도 있다. 행성을 탐사하기 위해 보낸 로봇이 고장을 일으키면 모든 것이 물거품이 되고 만다. 하지만 큐빅을 보냈을 경우, 지구나 우주선에서 원격 조작을 하여 큐빅 스스로 부서진 부분을 고치도록 할 수 있기 때문이다.

자기 복제 로봇 큐빅이 혼자 움직여 여러 가지 모양을 만들어 내고 있다.

나노 로봇은 과연 어떻게 생겼을까?

○ 나노 로봇이 혈관 속을 유영하며 혈전을 제거하고 있다.

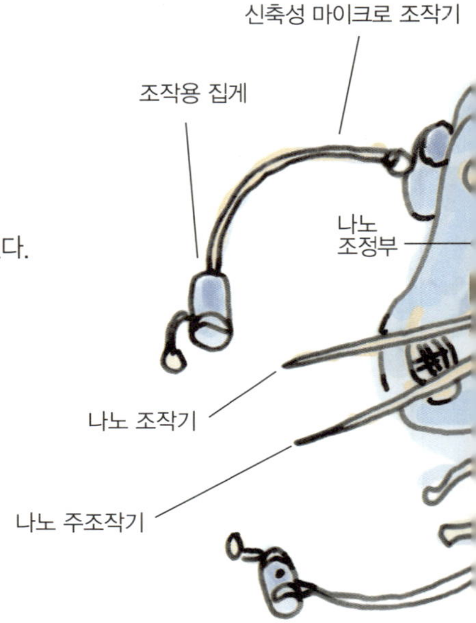

- 신축성 마이크로 조작기
- 조작용 집게
- 나노 조정부
- 나노 조작기
- 나노 주조작기

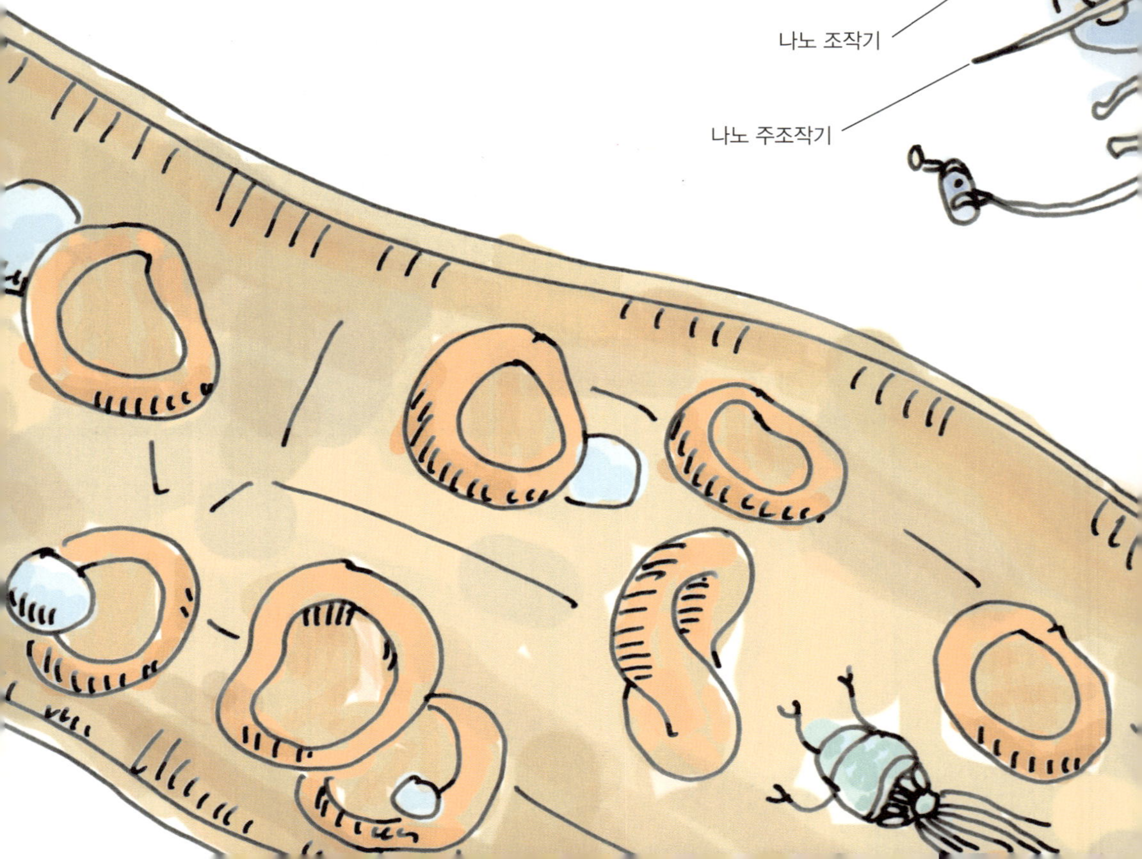

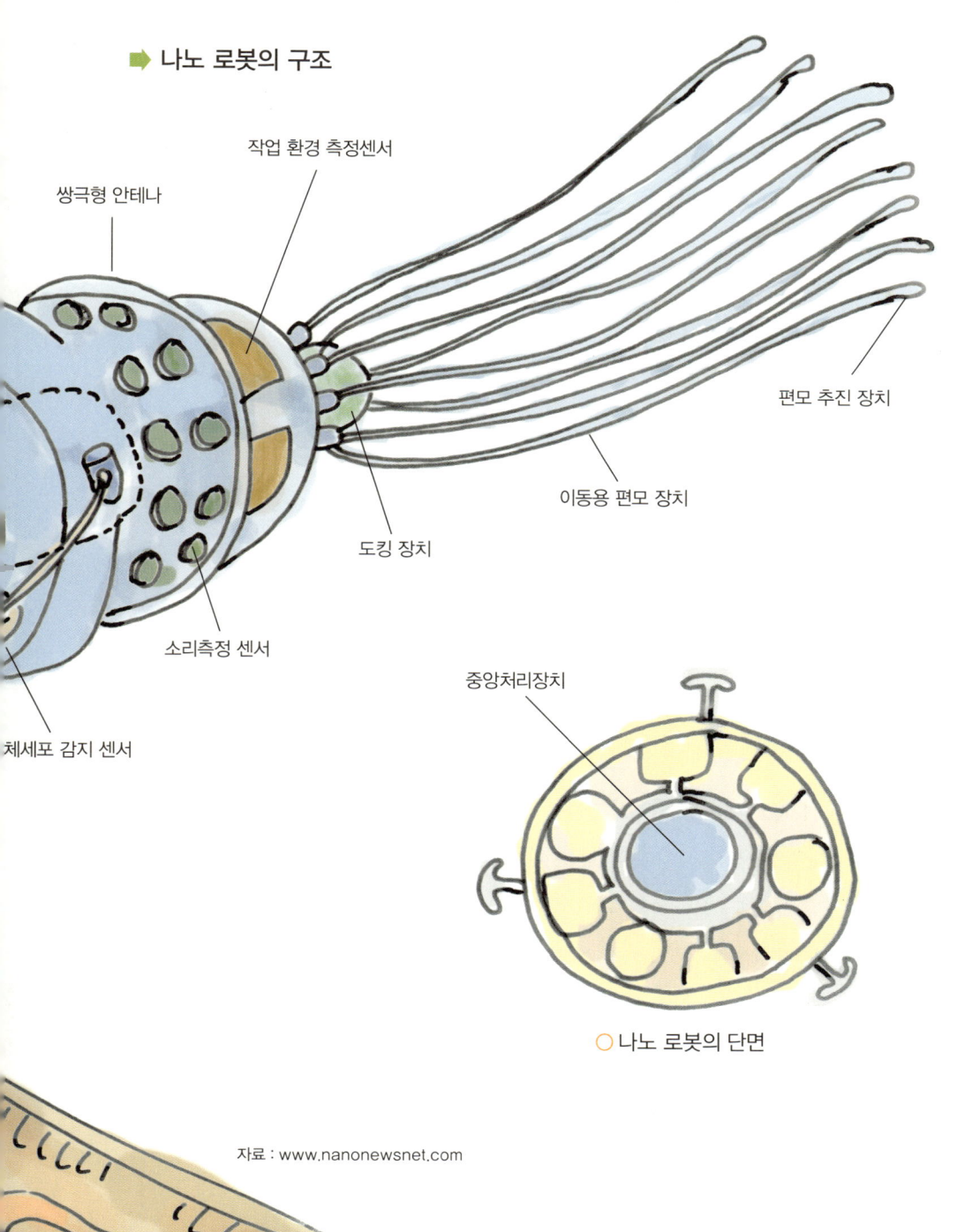

○ 나노 로봇의 단면

03 로보 사피엔스
이제 지구는 우리가 접수한다

사람처럼 생각할 줄 아는 로봇은 언제쯤 우리 앞에 나타날 것인가.

사람처럼 생각하는 기계를 개발하기 위해서는 사람의 지능지수처럼 기계의 지능을 평가할 수 있는 방법이 있어야 한다. 그 방법을 처음 제시한 인물은 영국의 앨런 튜링(1912~1954)이다. 1936년 24세에 컴퓨터 개념을 최초로 정립한 이론을 제시한 튜링은 1950년에 매우 유명한 논문인 「계산하는 기계와 지능」을 발표하였다. 논문의 첫 문장을 "기계는 생각할 수 있는가?"라는 질문으로 시작하면서 그 대답으로 '모방 게임'이라는 흥미로운 아이디어를 제안하였다.

모방 게임은 남자, 여자 그리고 질문자 등 세 사람에 의하여 진행된다. 질문자는 남자이건 여자이건 문제가 되지 않는다. 질문자는 다른 두 사람과 떨어진 방 안에 머문다. 질문자는 두 사람을 X와 Y로 알고 있을 뿐이다.

모방 게임은 질문자가 던지는 다양한 질문에 대해 두 사람이 답변을 하는 방식으로 진행된다. 그러나 두 사람은 반드시 질문자에게 판단 착오를 일으킬 수 있는 답변을 시도해야 한다. 가령 질문자가 X로 알고 있는 사람이 남자일 경우에는 질문자가 "당신의 머리카락 길이는 얼마입니까?"라고 질문을 던지면 X는 질문자가 자신을 여자로 잘못 알도록 하기 위하여 "가장 긴 머리카락은 20센티미터입니다."라는 식의 대답을 하지 않으면 안 된다. 요컨대 모방 게임의 목적은 질문자가 두 사람 중에서 누가 남자이고 누가 여자인가를 가려내는 것이다.

목소리 때문에 질문자가 손쉽게 남녀를 구별할 염려가 있으므로 질문자와 두 사람 사이에 텔레타이프를 설치하여 질의

앨런 튜링 동상

와 응답을 진행하는 것이 바람직하다. 질의와 응답을 반복해 모방 게임이 종료되면 질문자는 "X=남자, Y=여자" 또는 "X=여자, Y=남자"라는 해답을 내놓는다.

튜링은 이러한 모방 게임에서 여자(또는 남자) 대신에 기계를 방 안에

갖다 놓는 경우를 제안하였다. 질문자는 남자(또는 여자)와 기계 중에서 어느 쪽이 남자(또는 여자)이고 어느 쪽이 기계인가를 알아내야 한다. 남자는 질문자에게 자신이 사람이고 다른 쪽이 기계라는 사실을 납득시키기 위해 충실한 답변을 한다. 그러나 기계는 거꾸로 질문자가 자신을 사람으로 생각하고 남자를 기계로 착각하도록 답변한다.

튜링은 남자와 기계 사이에서 모방 게임을 할 때 남자와 여자 사이에 진행된 모방 게임에서 질문자가 남녀를 잘못 구분하는 것과 같은 비율로 판단을 잘못한다면, 그 기계는 사람처럼 지능을 갖고 있는 것으로 보아야 한다는 주장을 하였다. 다시 말해서 기계가 사람이 사고할 때 행동하는 방법과 구별할 수 없게 행동한다면 그 기계가 사람처럼 생각하는 것으로 볼 수 있다는 아이디어이다.

모방 게임은 기계가 생각한다고 말할 수 있는지 여부를 평가하는 일종의 시험이기 때문에 훗날 '튜링 테스트'라고 명명되었다. 튜링은 그의 논문 첫머리에서 스스로 던진 "기계는 생각할 수 있는가?"라는 질문에 대해 "튜링 테스트에 합격한 기계는 생각할 수 있다."라고 답변을 내놓은 셈이다.

튜링 테스트는 인공 지능 학자들의 전폭적인 동의와 지지를 받았으며 튜링 테스트에 합격하는 것과 같은 방식으로 인간의 지능을 본뜰 수 있는 기계를 개발하는 것이 인공 지능의 궁극적인 목표가 되었다. 따라서 튜링 테스트는 인공 지능을 비판하는 사람들이 걸핏하면 물고 늘어지는 공격의 과녁이 되었다.

21세기 초반의 컴퓨터는 튜링 테스트를 통과할 만한 지능을 갖지 못한 상태이다. 컴퓨터 이론가인 미국의 레이 커즈와일(1948~)은 그의 저서 『정신적 기계의 시대』(1999)에서 2019년 컴퓨터가 튜링 테스트를 통과했다는 보고가 잇따를 것이라고 단언하였다. 그러나 완벽하게 튜링 테스트를 통과한 것은 아니라고 토를 달았다. 10년이 경과한 2029년 마침내 컴퓨터가 튜링 테스트를 통과해 기계는 할 수 없고 사람만 할 수 있는 일을 찾아보기 어려운 세상이 된다.

레이 커즈와일

커즈와일의 전망에 동의하건 안 하건 사람과 기계, 곧 로봇의 지적 능력이 엇비슷해지는 날이 멀지 않았다는 사실만은 아무도 부정할 수 없을 것 같다.

한편 미국의 로봇 공학 이론가인 한스 모라벡(1948~)은 그의 저서 『로봇』(1999)에서 로봇 기술의 발달 과정을 생물 진화에 견주어 21세기 로봇을 전망했다.

모라벡에 따르면 20세기 로봇은 곤충 수준의 지능을 갖고 있지만, 21세기에는 10년마다 세대가 바뀔 정도로 지능이 향상된다. 이를테면 2010년까지 1세대, 2020년까지 2세대, 2030년까지 3세대, 2040년까지 4세대 로봇이 개발될 것 같다.

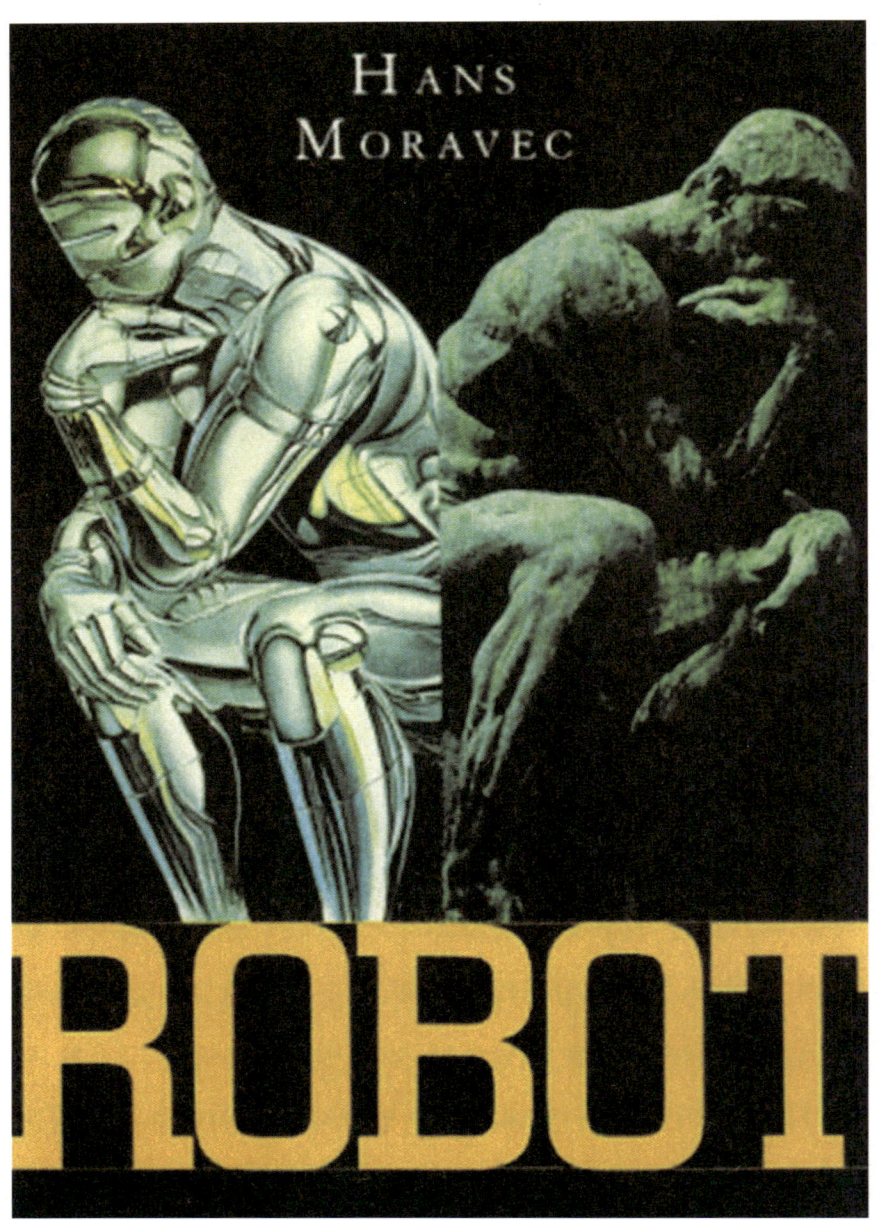

21세기 로봇 기술의 발달 모습을 극명하게 보여 준 한스 모라벡의 책 『로봇』

먼저 1세대 로봇은 동물로 치면 도마뱀 정도의 지능을 갖는다. 20세기의 로봇보다 30배 정도 똑똑한 로봇이다. 크기와 모양은 사람처럼 생겼으며 용도에 따라 다리는 2개에서 6개까지 사용 가능하다. 물론 바퀴가 달린 것도 있다. 평평한 지면뿐만 아니라 거친 땅이나 계단을 돌아다닐 수 있고, 대부분의 물체를 다룰 수 있다. 집 안에서 목욕탕을 청소하거나 잔디를 손질하고, 공장에서 기계 부품을 조립하는 일을 척척 해낸다. 맛있는 요리를 할 수 있으며, 테러범이 숨겨 놓은 폭탄을 찾아내는 일도 잘할 것이다.

2020년까지 나타날 2세대 로봇은 1세대보다 성능이 30배 뛰어나며 생쥐 정도로 영리하다. 1세대와 다른 점은 스스로 학습하는 능력을 갖고 있다는 것이다. 가령 부엌에서 요리할 때 1세대 로봇은 한쪽 팔꿈치가 식탁에 부딪히더라도 다른 행동을 취하지 못하고 미련스럽게 계속 부딪힌다. 그러나 2세대 로봇은 팔꿈치를 서너 번 부딪히는 동안 다른 손을 사용해야 한다고 판단하게 된다. 주위 환경에 맞추어 스스로 적응하는 능력을 갖고 있기 때문이다.

3세대 로봇은 원숭이만큼 머리가 좋고 2세대 로봇보다 30배 뛰어나다. 주변 환경에 대한 정보와 함께 그 안에서 자신이 어떻게 행동하는 것이 좋은지를 판단할 수 있는 소프트웨어를 갖고 있다. 요컨대 어떤 행동을 취하기 전에 생각하는 능력이 있다. 부엌에서 요리를 시작하기 전에 3세대 로봇은 여러 차례 머릿속으로 연습을 해 본다. 2세대는 팔꿈치를 식탁에 부딪힌 다음에 대책을 세우지만, 3세대 로봇은 미리 충돌을 피하는 방법을 궁리한다는 뜻이다.

2040년까지 개발될 4세대 로봇은 20세기의 로봇보다 성능이 100만 배 이상 뛰어나고 3세대보다 30배 똑똑하다. 이 세상에서 원숭이보다 30배가량 머리가 좋은 동물은 다름 아닌 사람뿐이다. 말하자면 사람처럼 보고 말하고 행동하는 기계인 셈이다.

일단 4세대 로봇이 출현하면 놀라운 속도로 인간의 능력을 추월하기 시작할 것이다. 모라벡에 따르면 2050년 이후 지구의 주인은 인류에서 로봇으로 바뀌게 된다. 이 로봇은 소프트웨어로 만든 인류의 정신적 유산, 이를테면 지식, 문화, 가치관을 모두 물려받아 다음 세대로 넘겨줄 것이므로 자식이라 할 수 있다. 모라벡은 이러한 로봇을 '마음의 아이들'이라고 부른다.

인류의 미래가 사람의 몸에서 태어난 혈육보다는 사람의 마음을 물려받은 기계, 즉 마음의 아이들에 의해 발전되고 계승될 것이라는 모라벡의 주장은 실로 충격적이지 않을 수 없다.

한스 모라벡은 21세기의 1세대 로봇(그림)이 카메라 눈으로 물체를 찾고, 사람처럼 팔다리를 움직일 것이라고 상상했다.

2030년 특이점 지나간다

▬
버너 빈지

1993년 미국의 과학 소설 작가인 버너 빈지(1944~)는 인간을 초월하는 기계가 출현하는 시점을 특이점이라고 명명했다. 빈지는 생명 공학, 신경 공학, 정보 기술의 발달로 2030년 이전에 특이점을 지나게 될 것이라고 주장했다. 미국의 컴퓨터 이론가인 레이 커즈와일 역시 2005년 펴낸 『특이점이 다가온다』에서 2030년 전후에 지능 면에서 기계와 인간 사이의 구별이 사라진다고 전망했다.

2030년 로봇이 일상적으로 튜링 테스트를 통과하게 되면 모든 영역에서 사람과 지적 능력이 대등해질 것이다. 우선 로봇은 사람이 정보나 지식을 제공해 주지 않아도 스스로 학습을 한다. 또한 로봇은 사람의 개입 없이 독자적으로 새로운 지식을 창조한다.

게다가 로봇의 지능이 사람의 생각과 융합되기 시작하면서 사람의 정신세계와 기계의 정신세계를 확연히 구분하는 경계가 더 이상 존재하지 않게 된다.

일부 로봇들은 사람과 대등한 지능을 갖고 있으므로 자신들도 사람대접을 받아야겠다고 주장할지 모른다. 말하자면 '사람이란 무엇인가'라는 문제가 제기되는 것이다. 그러나 21세기 후반, 사람보다 훨씬 영리한 기계, 곧 '로보 사피엔스(지혜를 가진 로봇)'가 지구의 주인 노릇을 시작하면 구태여 사람 취급을 받으려고 하지 않을 터이다. 아마도 사람은 없어도 되지만 로봇이 없으면 돌아가지 않는 세상이 될 것 같다.

04 정서 로봇
로봇이 눈물을 흘린다

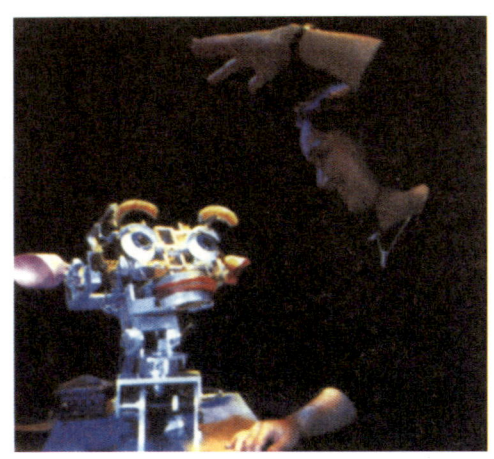

▪ 호기심 가득한 표정을 짓는 키스멧

분홍색 귀와 고무 입술을 가진 키스멧은 삐죽거리기도 하고 얼굴을 찡그리기도 하며 화를 내기도 한다. 얼굴 로봇인 키스멧은 다섯 가지 기본 정서, 즉 즐거움·슬픔·노여움·두려움·혐오감과 함께 네 가지 기분 상태, 즉 놀람·평온함·피곤함·흥미로움을 느끼는 마음을 표정으로 나타낸다.

일본 와세다 대학의 휴머노이드 로봇인 WE-4R은 즐거움, 슬픔, 노여움, 두려움, 혐오감, 놀람, 평온한 마음 등 일곱 가지 감정을 느끼는 것은 물론 표현까지 할 수 있다.

로봇이 사람처럼 행동하려면 생각할 뿐만 아니라 느낄 줄도 알아야 한다.

사람의 마음이 하는 일은 대개 인지와 정서의 두 기능으로 요약된다. 지각·학습·문제 해결과 같은 지적인 정신 과정이 인지 기능에 포함된다면, 정서는 감정·마음가짐·기분이 결합된 상태이다.

정서에는 기본 정서와 복합 정서가 있다. 기본 정서는 사회적 포유동물의 생존을 위해 진화된 것으로 즐거움, 슬픔, 노여움, 두려움, 혐오감 등 다섯 가지이다. 가령 포유동물이 사회생활을 할 때 상대방과 서로 애착이 생기면 사랑과 같은 즐거움의 정서가 일어나지만 그 애착이 사라지면 슬픔의 정서를 느끼게 된다.

사람이건 강아지이건 모든 포유동물은 다섯 가지의 기본 정서를 갖고 있다.

그러나 인간은 기본 정서 이외에 복합 정서를 갖고 있다. 복합 정서는 정서적 요인과 인지적 평가가 통합된 것으로 긍지, 수치심, 존경심, 연민, 질투 등이 해당된다. 가령 수치심은 자신을 평가하여 혐오감을 느낄 때 경험이 가능한 정서이다.

인지와 정서의 관계를 극적으로 보여 준 인물은 엘리엇이라는 40대의 평범한 사업가이다. 30대에 뇌종양 수술을 받았지만 여전히 지적이고 합리적이었다. 그런데 중년에 접어들면서 결혼, 사업, 대인관계에서 실패를 거듭한다. 약속을 자꾸 어기고 투자를 잘못해 재산의 상당 부

안토니오 다마지오

분을 날렸다.

미국 신경 과학자인 안토니오 다마지오(1944~)는 엘리엇의 지능지수가 정상임에도 불구하고 의사 결정과 계획 수립을 제대로 하지 못하는 이유를 연구한 결과 아주 놀라운 사실을 발견한다. 뇌종양 수술을 받는 과정에서 정서를 경험하는 능력이 부분적으로 상실된 것으로 밝혀졌다. 다시 말해 엘리엇은 정서 기능의 훼손으로 합리적인 판단이 불가능했던 것이다. 다마지오는 『데카르트의 잘못』(1994)이라는 저서에 엘리엇의 시험 결과를 소개하고 정서가 의사 결정의 핵심 요소라는 획기적인 이론을 발표했다.

사람의 인지 능력을 본뜨는 인공 지능 컴퓨터는 엘리엇에 비유된다. 문제 해결 능력은 탁월하지만 엘리엇처럼 정서 기능이 없으므로 의사 결정을 함에 있어 가치 판단에 착오를 일으킬 가능성이 높다는 의미이다. 이러한 맥락에서 정서 컴퓨터의 개발이 활기를 띠게 된다. 정서 컴퓨터는 사람의 정서 상태를 감지하여 반응할 뿐만 아니라 스스로 느낄 줄 아는 능력을 가진 기계이다. 이를테면 사람의 얼굴 표정을 보고 기분 상태를 눈치챌 뿐만 아니라 슬픈 일을 겪으면 혼자 울 줄도 안다. 기계가 흘리는 디지털 눈물은 도대체 무슨 빛깔일까?

정서 컴퓨터 연구를 주도하는 인물은 매사추세츠 공대의 로절린드 피카드(1962~) 교수이다. 정서 컴퓨터에서 가장 중요한 기능은 사람의 정서 반응을 감지하여 이해하는 일이다. 두 가지 접근 방법, 즉 사람의 행동 또는 생리적 변화를 판독하는 기술이 개발되고 있다.

첫 번째 접근 방법은 사람의 행동을 판독하는 것이다. 사람은 얼굴 표정이나 목소리 억양으로 감정을 드러낸다. 행복, 분노, 혐오, 경악 등과 관련된 얼굴 표정을 감지하는 기술이 연구되고 있다. 그러나 사람의 행동은 정서 반응의 극히 일부분에 불과하며 노름꾼들처럼 얼굴 표정으로 정서 상태를 속일 수도 있기 때문에 생리적 신호의 감지가 매우 중요하다.

두 번째 접근 방법으로 피카드 교수는 거짓말 탐지기처럼 정서 반응에 따라 생리적 신호를 검출하는 센서를 연구한다. 심장 박동, 혈압, 땀, 체온, 근육 긴장 상태를 측정하는 장치가 개발되고 있다. 가령 맥박을 재는 팔찌, 근육 활

로절린드 피카드

정서 로봇 211

동을 측정하는 반지, 혈압을 감지하는 손가락 센서 등이 설계된다. 이러한 센서들은 생리적 신호를 정확하게 검출하기 위해 신체에 가깝게 위치할 필요가 있다. 또한 센서가 수집한 정보를 컴퓨터에 효과적으로 보낼 수 있어야 한다. 이 두 가지 문제를 해결하는 방법의 하나가 입는 컴퓨터이다. 입는 컴퓨터를 착용하면 시계, 허리띠 장식, 운동화 등에 내장된 센서를 통해 생리 신호를 보다 정확하게 처리할 수 있다.

피카드에 따르면, 정서 기능을 가진 로봇은 두 가지 시나리오에 의해 개발된다. 하나는 기계에 기본 정서를 부여하는 것이고, 다른 하나는 복합 정서를 집어넣는 것이다.

첫 번째 시나리오는 달이나 화성을 탐사하는 로봇처럼 위험한 곳에서 활동하게 될 기계에 기본 정서를 부여하는 것이다. 가령 화성 탐사 로봇은 화성 표면에서 자료를 수집해 지구로 보내는 작업을 하는 도중에 거대한 바위와 맞닥뜨리는 위험한 상황에 처할 수 있다. 이 로봇이 두려움과 같은 기본 정서를 갖고 있

입는 컴퓨터

다면 눈을 더욱 크게 뜨고 다리를 재빨리 움직여서 위험한 곳을 빠져나갈 수 있다. 두려움뿐만 아니라 즐거움, 슬픔, 노여움, 혐오감을 느끼는 로봇이 개발될 수 있다.

두 번째 시나리오는 로봇에게 기분이 좋거나, 불쾌하거나, 우울한 감정의 상태를 느낄 줄 아는 능력을 제공하는 것이다. 이러한 로봇이 가령 사용자의 비서 기능을 수행한다면, 사람의 기분 상태를 감지하여 스스로 정서 반응을 나타내게 된다. 사람이 만족감을 느끼면 로봇 역시 기분 좋은 상태가 되어 비서 역할을 더 잘해 낸다.

두 시나리오에서처럼 로봇이 정서 능력을 획득하게 되면 윤리적 감각과 심미적 감각을 갖게 되는 것은 시간문제일 따름이다.

인공 정서를 가진 로봇은 사람처럼 목표 지향적인 의사 결정을 하는 과정에서 자신의 목표에 이로운 것과 해로운 것의 가치를 판단하는 능력을 형성하게 될 터이므로 윤리적 감각을 지니게 될 것이다. 여기서 중요한 것은 로봇이 갖게 될 윤리적 감각의 내용은 로봇 스스로 자신의 목적을 위해 정의한 것이라는 점이다. 로봇이 어떤 형태의 윤리적 충동을 갖게 될 것인지는 우리가 알 수 없다는 뜻이다. 요컨대 로봇의 윤리적 감각은 인간의 가치 체계와 유사하여 대부분 이해가 가능할 테지만 개중에는 오로지 로봇 자신만이 이해할 수 있는 것이 존재할 수 있다. 인간이 존중하는 가치와 동떨어지게 다르거나 심한 경우에는 인간에게 해로운 것을 로봇이 옳은 것으로 여길 소지가 얼마든지 있다는 의미이다.

한편 로봇의 심미적 감각 역시 윤리적 감각과 같은 맥락에서 그 가능성이 점쳐진다. 정서 능력을 지닌 로봇은 아름다움을 감상하고 추한 것을 경멸하는 심미적 감수성을 갖게 될 것 같다. 그러나 로봇이 인간과 똑같은 심미적 기능을 가질 것 같지는 않다. 로봇은 자신의 기준에 따라 아름다움을 감상할 것이기 때문이다.

어쨌든 옳고 그름을 판별하는 윤리적 인식 능력과 아름다움을 감상하는 심미적 감수성을 가질 때 비로소 그 로봇이 사람처럼 생각하는 능력을 갖게 되었다고 말할 수 있지 않을까.

 **로봇 예술가**

1970년대 초부터 그림을 그리거나 음악을 작곡하는 컴퓨터 프로그램이 발표되기 시작하였다. 예술가의 창조적인 재능을 보여 준 컴퓨터 프로그램으로 평가되는 대표적인 작품은 아론과 엠미이다.

아론은 일종의 컴퓨터 화가이다. 영국의 추상파 화가인 해롤드 코엔(1928~)이 개발한 아론은 코엔이 화가로서 축적한 경험으로부터 도출된 규칙으로 만든 전문가 시스템이다.

엠미는 '음악적 지능의 실험'을 뜻하는 영어 약자이다. 엠미는 컴퓨터 작곡가이다. 엠미는 바흐, 베토벤, 모차르트, 쇼팽의 교향곡과 같은 음악을 작곡할 수 있는 컴퓨터 프로그램이다. 가령 엠미는 모차르트가 작곡한 교향곡 41개를 분석하여 42번째 교향곡을 작곡해 냈다. 모차르트 사후 200여 년이 지나서 그가 부활하여 신곡을 발표한 듯한 착각을 불러일으킬 정도였다.

아론의 작품(1988)

아론과 엠미의 성공으로 컴퓨터 프로그램의 창조적인 능력, 곧 인공 창의성에 대한 논란이 일어났다. 이를테면 로봇이 셰익스피어처럼 글을 쓰고 베토벤처럼 작곡할 수 있다 할지라도 예술을 창조하는 인류의 정신 과정을 따라잡을 수 없다는 주장이 제기되기 때문이다.

05 포스트 휴먼
사람과 로봇의 관계가 궁금하다

 21세기 후반, 그러니까 2050년대 이후부터 우리는 사람처럼 생각하고, 느끼며, 행동하는 휴머노이드 로봇과 더불어 살지 않으면 안 될 것 같다.
 사람과 로봇이 맺게 될 사회적 관계는 대충 세 가지로 짐작된다. 첫째, 로봇이 오늘날처럼 인간의 충직한 심부름꾼 노릇을 하는 주종 관계를 생각할 수 있다. 둘째, 로봇이 사람보다 영리해져서 인간을 지배할 가능성도 배제할 수 없다. 끝으로, 호모 사피엔스(지혜를 가진 인류)와 로보 사피엔스(지혜를 가진 로봇)가 공생 관계를 형성해 서로 돕고 살 수도 있을 것이다.
 많은 사람들은 인간의 피조물인 로봇이 미래에도 오늘날 산업 현장의 로봇처럼 사람 대신에 온갖 힘든 일들을 도맡아 줄 것으로 믿고 있다. 21세기 후반에도 아이작 아시모프의 '로봇 공학의 3대 법칙'이 여

미래에 인간과 로봇은 어떤 관계일까? 영화 〈매트릭스〉의 한 장면

전히 유효할 것임을 추호도 의심하지 않는 셈이다.

그러나 기계가 인간보다 뛰어나서 인간이 기계에게 밀려날 것이라는 공포감은 소설이나 영화를 통해 끊임없이 표출되었다.

메리 셸리의 『프랑켄슈타인』(1818)은 과학자와 그가 만든 괴물이 모두 파멸되는 것으로 끝난다. 이 소설은 인간이 자신의 피조물을 거부하는 것을 보여 줌으로써 자신의 모습을 닮은 기계에 대한 인간의 공포심을 드러낸다.

카렐 차페크의 『로섬의 만능 로봇』(1921) 역시 프랑켄슈타인의 괴물과 마찬가지로 로봇을 먼저 파괴하지 않으면 결국 로봇이 인간의 자리를 빼앗아 갈 것이라는 의미를 함축하고 있다. 반란을 일으킨 로봇 지도자는 여자 주인공에게 "당신들은 로봇만큼 튼튼하지 않다. 당신들은 로봇만큼 재주가 뛰어나지도 않다."라고 외치면서 동료 로봇에게 모든 인간을 죽이라고 명령한다.

1999년 부활절 주말에 미국에서 개봉된 영화 〈매트릭스〉의 무대는 2199년 인공 지능 기계와 인류의 전쟁으로 폐허가 된 지구이다. 마침내 인공 지능 컴퓨터들은 인류를 정복하여 인간을 자신들에게 에너지를 공급하는 노예로 삼는다. 땅속 깊은 곳에서 인간들은 매트릭스 컴퓨터들의 배터리로 사육되는 것이다. 말하자면 인간은 오로지 기계에 의해서, 기계를 위해 태어나며 생명이 유지되고 이용될 따름이다.

로봇 공학자 중에도 인류가 기계의 하인이 될 것이라고 주장하는 사람이

영화 〈매트릭스〉의 포스터

없지 않다. 영국의 케빈 워릭(1954~) 교수는 그의 저서 『로봇의 행진』(1997)에서 21세기 지구의 주인은 로봇이라고 단언한다. 워릭은 2050년 기계가 인간보다 더 똑똑해져서 지구를 지배하게 될 것이라고 전망한다. 2050년 인류의 삶은 기계에 의해 통제되고 기계가 시키는 일은 무엇이든지 하지 않으면 안 되는 처지에 놓인다. 남자들은 포로수용소 같은 곳에서 노동자로 사육된다. 노동자들은 육체적으로 불필요한 성적 행위를 하지 못하게끔 거세되며, 두뇌는 재구성되어 분노, 우울, 추상적 사고와 같은 부정적인 요소가 제거된다. 여자들은 사방이 벽으로 막힌 인간 농장에 수용된 채 오로지 아이를 낳기 위해 사육된다. 한 번에 세 명의 아기를 낳는다. 12세쯤 출산을 시작해서 30대가 되면 쓰레기처럼 소각로에 버려진다. 여자들은 평생 동안 50여 명 정도 아기를 낳는다.

사람과 로봇이 맺을 수 있는 세 번째 관계는 서로 돕고 사는 공생이다. 미국의 로봇 공학 전문가인 한스 모라벡은 그의 저서 『마음의 아이들』(1988)에서 사람의 마음을 기계 속으로 옮겨 사람이 말 그대로 로봇으로 바뀌는 시나리오를 제시하였다.

수술실에 드러누워 있는 당신 옆에는 당신과 똑같이 되려는 컴퓨터가 대기하고 있다. 당신의 두개골이 먼저 마취된다. 그러나 뇌가 마취된 것이 아니기 때문에 당신의 의식은 말짱하다. 수술을 담당한 로봇이 당신의 두개골을 열어서 그 표피를, 손에 수없이 많이 달

『마음의 아이들』의 표지

려 있는 미세한 장치로 스캔(주사)한다. 주사하는 순간마다 뇌의 신경 세포 사이에서 발생하는 전기 신호가 기록된다. 로봇 의사는 측정된 결과를 토대로 뇌 조직의 각 층이 보여 주는 행동을 본뜬 컴퓨터 프로그램을 작성한다. 이 프로그램은 즉시 당신 옆의 컴퓨터에 설치되어 가동된다. 이러한 과정은 뇌 조직을 차근차근 도려내면서 각 층에 대하여 반복적으로 시행된다.

말하자면 뇌 조직의 층별로 뇌의 움직임이 모의실험(시뮬레이션)되는 것이다. 수술이 끝날 즈음어 당신의 두개골은 텅 빈 상태가 된다. 물론 당신은 의식을 잃지 않고 있지만 당신의 마음은 이미 뇌로부터 빠져나와서 기계로 이식되어 있다. 마침내 수술을 마친 로봇 의사가 당신의 몸과 컴퓨터를 연결한 코드를 뽑아 버리면 당신의 몸은 경련을 일으키면서 죽음을 맞게 된다. 그러나 당신은 잠시 동안 아득하고 막막한 기분을 경험한다. 그리고 다시 한 번 당신은 눈을 뜨게 된다. 당신의 뇌는 비록 죽어 없어졌지만 당신의 마음은 컴퓨터에 온전히 옮겨졌기 때문이다. 당신은 새롭게 변형된 셈이다.

모라벡의 시나리오에 따르면 인간의 마음이 기계에 이식됨에 따라 상상하기 어려운 다양한 변화가 일어난다. 먼저 컴퓨터의 처리 성능에 힘입어 사람의 마음이 생각하고 문제를 처리하는 속도가 수천 배 빨라질 것이다. 마음을 이 컴퓨터에서 저 컴퓨터로 자유자재로 이동시킬 수 있기 때문에 컴퓨터의 성능이 강력해지면 그만큼 사람의 인지 능력도 향상될 것이다. 또한 프로그램을 복사하여 동일한 성능의 컴퓨터에 집어넣을 수 있으므로 자신과 동일하게 생각하고 느끼는 기계를 여러 개 만들어 낼 수 있다. 게다가 프로그램을 복사하여 보관해 두면 오랜 시간이 경과된 후에 다시 사용할 수 있기 때문에 마음이 사멸하지 않게 된다. 마음이 죽지 않는 사람은 결국 영생을 누리게 되는 셈이다.

모라벡은 한 걸음 더 나아가 마음을 서로 융합시키는 아이디어를 내놓았다. 컴퓨터 프로그램을 조합시키는 것처럼 여러 개의 마음을 선택적으로 합치면 상대방의 경험이나 기억을 서로 공유할 수 있다는 것이다.

모라벡의 시나리오처럼 사람의 마음을 기계로 옮겨 융합시킬 수 있다면 조상의 뇌 안에 있는 생존 시의 기억과 감정을 읽어 내서 살아 있는 사람의 의식 속으로 재생시킬 수 있을 터이므로 산 사람과 죽은 사람, 미래와 과거의 구분이 흐릿해질 수도 있다.

이런 맥락에서 모라벡은 소프트웨어로 만든 인류의 정신적 유산을 물려받게 되는 로봇, 곧 마음의 아이들이 인류의 후계자가 될 것이라고 주장하였다.

인공 지능 이론의 선구자인 마빈 민스키 교수는 "로봇이 지구를 물

케빈 워릭

려받을 것인가? 그렇다. 그러나 그들은 우리들 마음의 아이들일 것이다."라고 모라벡에게 전폭적으로 공감하는 의견을 거진하였다.

2050년 이후에 워릭 교수의 주장처럼 로봇은 창조주인 인류를 파멸시킬 것인가, 아니면 모라벡 박사의 시나리오처럼 로봇은 인류를 불멸의 존재로 만들어 줄 것인가? 이 질문에 대한 정답은 아무도 알 수 없다. 단지 로봇 공학이 발전을 거듭하고 있는 오늘날 예측 가능한 유일한 사실은, 사람보다 영리한 로보 사피엔스가 출현하게 될 21세기 후반 인류 사회의 모습이 예측 불가능하다는 것뿐이다.

 포스트 휴먼

인간 이후, 곧 포스트 휴먼 시대에 대해 탁월한 의견을 내놓은 학자들이 적지 않다. 1988년 한스 모라벡은 『마음의 아이들』에서 인간의 생물학적 진화는 이미 완료되었으며, 미래 사회는 사람보다 수백 배 뛰어난 인공 두뇌를 가진 로봇에 의하여 지배되는 '후기 생물 사회'가 될 것이라고 주장하였다.

1993년 미국 역사학자인 브루스 매즐리시는 『네 번째 불연속』에서 인간과 기계가 한 몸에 공생하는, 일종의 사이보그가 새로운 종으로 등장할 것이라고 전망하였다.

1997년 생물학자인 미국의 리 실버 교수는 『에덴 다시 만들기』에서 유전자를 조작하여 임의로 설계한 맞춤 아기가 출현하면 인류 사회는 경제 능력에 따라 유전자가 보강된 슈퍼 인간과 그렇지 못한 자연 인간으로 사회 계층이 양극화될 것이라고 경고하였다.

2002년 미래학자인 미국의 프랜시스 후쿠야마는 『우리의 포스트 휴먼 미래』에서 생명 공학의 발달로 인류 역사의 포스트 휴먼 단계가 시작될 것이라고 역설하였다.

사이보그, 슈퍼 인간 또는 로봇. 이 중에서 누가 인류의 상속자가 될 것인지 궁금해할 필요는 없을 것 같다. 로봇 공학과 생명 공학의 발달로 사람과 기계의 구분이 갈수록 모호해질 뿐만 아니라, 인류는 자신이 만든 새로운 존재를 후계자로 삼지 않으면 안 되는 아이로니컬한 상황에 몰리고 있다는 사실이 무엇보다 중요하기 때문이다.

어쨌거나 포스트 휴먼 문명사회는 오늘날 문명과 비슷할 수도 있고 아니면 완전히 딴판일 수도 있다. 어느 누가 감히 포스트 휴먼 문명의 모습을 예측할 수 있겠는가. 그렇지 않은가?

📖 더 읽어 볼 만한 책

➡ 신화와 전설 속의 로봇

『이인식의 세계 신화 여행』, 이인식, 갤리온, 2008
『세계 신화 이야기』, 세르기우스 골로빈(이기숙·김이섭 공역), 까치, 2001
『신화 상상동물 백과사전』, 이인식, 생각의나무, 2002
『중국 신화전설』, 위앤커(전인초·김선자 공역), 민음사, 1992
『하늘을 나는 수레』, 홍상훈, 솔, 2003

➡ 문학 속의 로봇

『프랑켄슈타인』, 메리 셸리(이미선 역), 황금가지, 2004
『로봇(R.U.R)』, 카렐 차페크(김희숙 역), 길, 2002
『골렘』, 구스타프 마이링크(김재혁 역), 책세상, 2003
『피노키오』, 카를로 콜로디(김홍래 역), 시공주니어, 2004
『나는 로봇이야』, 아이작 아시모프(이기원 역), 동쪽나라, 1993
『먹이』, 마이클 크라이튼(김진준 역), 김영사, 2004

➡ 만화 속의 로봇

『슈퍼로봇의 혼』, 선정우, 시공사, 2002
『슈퍼영웅의 과학』, 로이스 그레시(이한음 역), 한승, 2004

➡ 역사 속의 로봇

『앤티크 로봇』, 백성현, 인서울, 2004
『살아 있는 인형』, 게이비 우드(김정주 역), 이제이북스, 2004
『네 번째 불연속』, 브루스 매즐리시(김희봉 역), 사이언스북스, 2001

➡ 현대의 로봇

『로보 사피엔스』, 페이스 달루이시오(신상규 역), 김영사, 2002
『똘망똘망 인공지능』, 잭 챌러너(이상헌 역), 김영사, 2000

➡ 미래의 로봇

『미래교양사전』, 이인식, 갤리온, 2006
『나는 왜 사이보그가 되었는가』, 케빈 워릭(정은영 역), 김영사, 2004
『로봇의 행진』, 케빈 워릭(한국과학기술원 공역), 한승, 1999
『우리는 매트릭스 안에 살고 있나』, 글렌 예페스(이수영·민병직 공역), 굿모닝미디어, 2003

찾아보기

인명

게리 카스파로프 Garry Kasparov · 73
고든 무어 Gordon Moore · 67
구스타프 마이링크 Gustav Meyrink · 26
김대중 金大中 · 102
김문상 金汶相 · 101
김용환 金龍煥 · 143
김종환 金鍾煥 · 150

나가이 고 · 45
노무현 盧武鉉 · 102, 174

단테 Dante · 126
데즈카 오사무 · 40, 41, 42, 49

레스터 델 레이 Lester del Rey · 31
레오나르도 다 빈치 Leonardo da Vinci · 22, 158
레이 커즈와일 Ray Kurzweil · 203
로드니 브룩스 Rodney Brooks · 85~88, 90, 97, 99, 114, 128
로버트 풀 Robert Full · 112, 114, 115
로절린드 피카드 Rosalind Picard · 211, 212
리 실버 Lee Silver · 223
리처드 뮐러 Richard Muller · 181
리처드 스몰리 Richard Smalley · 194

마르시언 에드워드 호프 Marcian Edward Hoff · 68
마빈 민스키 Marvin Minsky · 81, 221
마이클 크라이튼 Michael Crichton · 30
마크 틸든 Mark Tilden · 117
메리 셸리 Mary Shelley · 24, 217

백성현 白聖鉉 · 59
버너 빈지 Vernor Vinge · 207
변증남 卞增男 · 160
볼프강 폰 켐펠렌 Wolfgang von Kempelen · 54, 57
브루스 매즐리시 Bruce Mazlish · 223
빌리에 드 릴라당 Villiers de L'Isle-Adam · 31
빌 조이 Bill Joy · 195
빌 클린턴 Bill Clinton · 192

소라야마 하지메 · 60
스티븐 스필버그 Steven Spielberg · 37
시게오 히로세 · 111

아이작 아시모프 Isaac Asimov · 28~30, 37, 38, 216
안토니오 다마지오 Antonio Damasio · 210
알베르투스 마그누스 Albertus Magnus · 51, 52
앨런 튜링 Alan Turing · 200~202
양현승 梁玄丞 · 102
에릭 드렉슬러 K. Eric Drexler · 193~195
오준호 吳俊鎬 · 103
요하네스 뮐러 Johannes Müller · 52
월트 디즈니 Walt Disney · 42
이광수 李光洙 · 28
이치로 가토 · 92

자케-드로 Jaquet-Droz · 57
자크 드 보캉송 Jacques de Vaucanson · 53, 54, 57, 61
잔 다르크 Joan of Arc · 34
제르베르 도리야크 Gerbert d'Aurillac · 51
조지 데벌 George Devol · 64, 65
조지프 엥겔버거 Joseph Engelberger · 65

카렐 차페크 Karel Čapek · 26, 217
카를로 콜로디 Carlo Collodi · 59
케빈 워릭 Kevin Warwick · 219, 222

225

콘라트 로렌츠 Konrad Lorenz·85
크리스 피스터 Kris Pister·186
크테시비우스 Ctesibius·51
—
토마스 아퀴나스 Thomas Aquinas·51, 52
토마스 에디슨 Thomas Edison·58
—
파라셀수스 Paracelsus·52, 53
파베르 Faber·57, 58
폴 맥크레디 Paul MacCready·110
프랜시스 후쿠야마 Francis Fukuyama·223
프랭크 봄 Frank Baum·59
프리츠 랑 Fritz Lang·32, 41, 42, 60
필립 딕 Philip K. Dick·35, 36
—
한스 모라벡 Hans Moravec·133, 203, 206, 219, 221~223
해롤드 코엔 Harold Cohen·215
헤론 Heron·51

용어

갈라티아 Galatea·17
게코 gecko·112
「계산하는 기계와 지능 Computing Machinery and Intelligence」(앨런 튜링)·200
골렘 golem·19, 20, 26
『골렘 Der Golem』(구스타프 마이링크)·26
〈공각기동대〉·39
그레이 구 grey goo·194
글로벌호크 Global Hawk·167, 168
기계 오리·53, 54, 61
기괭국 奇肱國·50
기본 정서·208, 209, 212
—
나노 기계·190, 192~194
나노 기술 nanotechnology·30, 133, 190~194

나노 의학·192
『나, 로봇 I, Robot』(아이작 아시모프)·28, 29, 38
『네 번째 불연속 The Fourth Discontinuity』(브루스 매즐리시)·223
노반 魯班·21, 22
뇌파·161~163
뇌파 조종 시스템·162
—
대단한 도전 Grand Challenge·170
『데카르트의 잘못 Descartes' Error』(안토니오 다마지오)·210
동물 행동학·85, 86
딥 블루 Deep Blue·73
떼 지능 swarm intelligence·88, 89
—
〈로보캅 Robocop〉·39
〈로봇 태권V〉 시리즈·46
『로봇 Robot』(한스 모라벡)·203
로봇 공학 robotics·30, 38, 64, 84~87, 92, 97, 99, 171, 203, 219, 222, 223
로봇 공학의 3대 법칙·28~30, 38, 216
『로봇의 행진 March of the Machines』(케빈 워릭)·219
『로섬의 만능로봇 Rossum's Universal Robot (R.U.R)』(카렐 차페크)·26, 28, 217
—
마스 패스파인더 Mars Pathfinder·127, 128, 134, 135
『마음의 아이들 Mind Children』(한스 모라벡)·219, 223
마이크로프로세서·68, 117
〈마징가〉 시리즈·45, 46
맞춤 아기 designer baby·223
〈매트릭스 The Matrix〉·39, 218
『먹이 Prey』(마이클 크라이튼)·30
〈메트로폴리스 Metropolis〉(데즈카 오사무)·40
〈메트로폴리스 Metropolis〉(프리츠 랑)·32, 34, 41, 42, 60

모방 게임 imitation game · 200~202
무인 병기 · 80, 167, 168
무인 잠수정 · 139, 141, 144
무인 항공기 · 22, 167, 168
『미래의 이브』(빌리에 드 릴라당) · 31
미키 마우스 Micky Mouse · 42

―

〈바이센테니얼 맨 Bicentennial Man〉· 36, 37
바퀴벌레 · 39, 87, 110, 112~114, 173
복합 정서 · 209, 212
브래키에이션 Brachiation · 116
〈블레이드 러너 Blade Runner〉· 35, 142
비거 飛車 · 50

―

사이보그 cyborg · 35, 39, 163, 223
상향식 bottom-up · 71, 72, 97
생각 신호 thought signal · 39
생명 공학 · 39, 185, 207, 223
생물 모방 과학 biomimetics · 110, 111
슈퍼맨 Superman · 42, 60
슈퍼 인간 · 223
스마트 물질 smart material · 192
〈스타워즈 Star Wars〉· 35
신경망 neural network · 72, 169
신경 보철 · 39, 79, 80
『신곡』(단테) · 126
〈신세기 에반겔리온〉· 47

―

아론 Aaron · 215
〈아이, 로봇 I, Robot〉· 38
아톰 Atom · 40~43, 49, 60, 100
아프로디테 Aphrodite · 17
안드로이드 android · 32, 35~37, 52
『안드로이드는 전기양의 꿈을 꾸는가? Do Androids Dream of Electric Sheep?』(필립 딕) · 35
앤티크 로봇 박물관 · 59
언사 偃師 · 18, 19
에니악 ENIAC(Electronic Numerical Integrator And Computer) · 64, 68
『에덴 다시 만들기 Remaking Eden』(리 실버) · 223
〈에이 아이 A. I.〉· 36, 37
엠미 EMI(Experiments in Musical Intelligence) · 215
여와 女媧 · 14, 15
『열자 列子』· 18
『오즈의 마법사 The Wizard of Oz』(프랭크 봄) · 59
「왜 우리는 미래에 필요 없는 존재가 될 것인가? Why the Future Doesn't Need Us?」(빌 조이) · 195
『우리의 포스트 휴먼 미래 Our Posthuman Future』 (프랜시스 후쿠야마) · 223
원격 수술 · 157, 159
원격 조작 teleoperation · 74, 78~81, 127, 140, 157, 175, 197
원격 존재 telepresence · 78, 81
유인 탐사정 · 137, 138, 141
유포니아 Euphonia · 57, 58
〈600만 불의 사나이〉· 39
의수 · 161, 162
의족 · 162, 163
인공 생명 artificial life(A-Life) · 86, 133
인공 지능 artificial intelligence(AI) · 37, 71, 72, 81, 84, 85, 87, 99, 169, 202, 210, 218, 222
〈인어 공주〉· 115
인조인간 · 16, 17, 19, 20, 24, 26, 28, 30, 31, 35~37, 51~53, 58
인터넷 2 · 81

―

자기 복제 · 193, 194, 195, 197
자동장치(오토마톤) automaton · 50, 51, 58
전문가 시스템 expert system · 72, 73, 215
전투 자동화 · 166, 167, 169, 171
절지동물 · 112~114
정보 기술 · 39, 207
정서 컴퓨터 affective computer · 210, 211
『정신적 기계의 시대 The Age of Spiritual

227

Machines』(레이 커즈와일)·203
주사 터널링 현미경 Scanning Tunneling Microscope(STM)·191

창발 emergence·86, 88, 89
『창조의 엔진 Engines of Creation』(에릭 드렉슬러)·193
창꼬치·142
〈철완 아톰 鐵腕 Atom〉·41~43
〈철인 28호 鐵人 28號〉·43
최소 침습법 Minimally Invasive Surgery (MIS)·158

타이타닉호 Titanic·138, 139
『탈무드 Talmud』·19
탈로스 Talos·16, 17
〈터미네이터 The Terminator〉·39
텔레-이머전 tele-immersion·81
텔레파시·39
튜링 테스트 Turing test·202, 203, 207
특이점 singularity·207
『특이점이 다가온다 The Singularity is Near』(레이 커즈와일)·207
틴 맨 Tin Man·59

포섭 구조 subsumption architecture·87, 90, 91, 97, 98, 128
포스트 휴먼 posthuman·216, 223
『프랑켄슈타인 Frankenstein』(메리 셸리)·24, 26, 217
프레데터 Predator·168
프로메테우스 Prometheus·15, 16
피그말리온 Pygmalion·17
피노키오 Pinocchio·59
『피노키오의 모험』(카를로 콜로디)·59

하향식 top-down·71, 72, 84, 85, 97, 169
『헬렌 오로이』(레스터 델 레이)·31

현미 수술 microscopic surgery·79, 181, 183
〈환상여행 Fantastic Voyage〉·181
후기 생물사회·223

로봇

가사 로봇·146~148
가스트로놈 Gastronome·118, 120, 122
간호 로봇·159, 160
개인용 로봇 personal robot(PR)·146, 147, 152, 156
거미 로봇·114, 126
곤충 로봇 insectoid·83, 86, 87, 89~91, 97, 98, 184
군사용 로봇·166
그린맨 Green man·78
근력지원복 wearable power assisting suit·164

나노 로봇(나노봇) nanorobot(nanobot)·30, 79, 190~196, 198
내브랩 NavLab(Navigation Laboratory)·169, 170

다빈치 외과 수술 시스템 da Vinci Surgical System·158, 159
단테 Dante·115, 126, 127
WE-4R·93, 100, 208
WF-4·93, 100
덤불 로봇 bush robot·133
드림포스·148
디비 DB(Dynamic Brain)·97

로보넛 Robonaut·130, 131
로보닥 Robodoc·156
로보 사피엔스 Robo sapiens·200, 207, 216,

로보킹 Roboking · 150, 154
로봇 검투사 · 153
로봇 예술가 · 215
로봇 자동차 · 169~171
로봇 축구 · 150~152
로봇 팔 · 66, 67, 71, 80, 82, 97, 128~130, 144, 159, 165
로피 ROFI · 142, 143
롭해즈 ROBHAZ · 174~176
룸바 Roomba · 149
리머 Lemur · 115

마음의 아이들 mind children · 206, 221, 222
마이리얼베이비 My Real Baby · 150
마이스푼 My Spoon · 159
마이크로 기러기 로봇 · 185
마이크로 로봇 microrobot · 79, 180~184, 188, 190
마이크로 물고기 로봇 · 185
멜독 MELDOG · 80, 159
모기 로봇 gnat robot · 88, 89
무인 지상 차량 AGV(Autonomous Ground Vehicle) · 167, 168
물고기 로봇 · 142, 143
밀리봇 millibot · 173

바닷가재 로봇 · 115, 142
바퀴벌레 로봇 · 114
뱀 로봇 · 111, 112, 130, 173
보행 로봇 · 84, 110, 116, 169
복강 로봇 · 182
브래키에이터 3 Brachiator III · 116
비글 2 Beagle II · 129
비행 로봇 · 22, 110, 184

사야 · 100
산업용 로봇 · 64, 67, 68, 92
살인 로봇 killer robot · 169, 171
서비스 로봇 · 146, 147, 150, 152
섹시 로봇 sexy robot · 34, 60
센토 Centaur · 101
소저너 Sojourner · 98, 127, 128, 134, 135
수술 로봇 · 156, 157
수중 로봇 · 110, 115, 136, 140~142
슈퍼 로봇 super robot · 45~47
스마트 더스트 Smart Dust · 186
스피릿 Spirit · 129, 130
스탠리 Stanley · 171
씨스리피오 C3PO · 35

아미 AMI(Artificial intelligence, Media, Interactive) · 102, 104, 106
아미엣 AMIET(AMI's Juliet) · 102
아시모 ASIMO(Advanced Step in Innovative Mobility) · 94~96, 103
아이보 AIBO(Artificial Intelligence BO) · 150
아틸라 Attila · 83, 87, 90
알 100 R(robot) 100 · 147, 148
알투디투 R2D2 · 35
애완 로봇 · 147, 150, 152
어셈블러 Assembler · 193~195
얼굴 로봇 · 99, 100, 208
SDR-3X(Sony Dream Robot-3X) · 95
에이리얼 Ariel · 115, 142
HRP2 프로토타입 · 96
에코봇 2 Ecobot II · 118, 119
오퍼튜니티 Opportunity · 129, 130
와봇 1호 Wabot(Waseda robot) 1 · 92, 93
와봇 2호 Wabot 2 · 92, 93
와비안 WABIAN(Waseda Bipedal Humanoid) · 93
완다 Wanda · 142
우주 로봇 · 126, 131, 132
원격 로봇 telerobot · 74, 76~80, 131, 139, 159, 174

원격 조종 항공기 RPV(Remotely Piloted Vehicle)
· 167, 168
유니버그 3.2 Unibug(Unicore Bug) 3.2 · 117
유틸리티 포그 Utility fog · 195, 196
의료복지 로봇 · 156
이동 로봇 · 82~87, 90, 117
이지스 Aegis · 174
입는 로봇 wearable robot · 164, 165

재활 로봇 · 156, 159, 160, 164
전투 로봇 battle robot · 153, 174
제이슨 Jason · 139
징기스 Genghis · 87

청소 로봇 · 148, 149, 152, 154

카라 KaLAR(KAIST Laparoscopic Assistant Robot) · 157
카레스 Ⅱ KARES Ⅱ(KAIST Rehabilitation Engineering Service System Ⅱ) · 160
카이코 Kaiko · 139, 140
캐나담 2 · 128, 129
캡슐형 내시경 · 182, 188
코그 Cog(Cognitive) · 97~99
큐리오 Qrio · 95, 96
큐빅 Cubic · 197
키스멧 Kismet · 99, 100, 208

탐사 로봇 · 98, 126, 127, 129, 131, 132, 138, 140, 212
트릴로바이트 Trilobite · 148, 149
트루디 Troody · 116

포글렛 foglet · 196
퓨마 PUMA(Programmable Universal Machine for Assembly) · 68
피닉스 Phoenix · 130, 131
P 2 Prototype 2 · 94

P 3 Prototype 3 · 94

할 HAL · 164
해미래 · 141, 144, 145
해저 로봇 · 138, 139
헥사 HEXAR · 165
환경 응용 마이크로 로봇 · 183, 184
휠체어 로봇 · 160, 161, 163
휴머노이드 로봇 humanoid robot · 92~97, 99, 101~103, 130, 148, 208, 216
휴보 Hubo(Humanoid Robot) · 103~105, 108

●● 지은이의 주요 저술 활동

칼럼

신문 칼럼 연재
- 〈동아일보〉 이인식의 과학생각(99. 10~01. 12) : 58회(격주)
- 〈한겨레〉 이인식의 과학나라(01. 5~04. 4) : 151회(매주)
- 〈조선닷컴〉 이인식 과학칼럼(04. 2~04. 12) : 21회(격주)
- 〈광주일보〉 테마 칼럼(04. 11~05. 5) : 7회(월 1회)
- 〈부산일보〉 과학칼럼(05. 7~07. 6) : 26회(월 1회)
- 〈조선일보〉 아침논단(06. 5~06. 10) : 5회(월 1회)
- 〈조선일보〉 이인식의 멋진 과학(07. 4~현재) : 연재 중(매주)

잡지 칼럼 연재
- 〈월간조선〉 이인식 과학칼럼(92. 4~93. 12) : 20회
- 〈과학동아〉 이인식 칼럼(94. 1~94. 12) : 12회
- 〈지성과 패기〉 이인식 과학 글방(95. 3~97. 12) : 17회
- 〈과학동아〉 이인식 칼럼 - 성의 과학(96. 9~98. 8) : 24회
- 〈한겨레 21〉 과학칼럼(97. 12~98. 11) : 12회
- 〈말〉 이인식 과학칼럼(98. 1~98. 4) : 4회(연재 중단)
- 〈과학동아〉 이인식의 초심리학 특강(99. 1~99. 6) : 6회
- 〈주간동아〉 이인식의 21세기 키워드(99. 2~99. 12) : 42회
- 〈시사저널〉 이인식의 시사과학(06. 4~07. 1) : 20회(연재 중단)

저서

1987 『하이테크 혁명』, 김영사
1992 『사람과 컴퓨터』, 까치글방
1995 『미래는 어떻게 존재하는가』, 민음사
1998 『성이란 무엇인가』, 민음사
1999 『제2의 창세기』, 김영사
2000 『21세기 키워드』, 김영사
　　　『과학이 세계관을 바꾼다』(공저), 푸른나무

2001 『아주 특별한 과학 에세이』, 푸른나무

『신비동물원』, 김영사

『현대과학의 쟁점』(공저), 김영사

2002 『신화상상동물 백과사전』, 생각의나무

『이인식의 성과학탐사』, 생각의나무

『이인식의 과학생각』, 생각의나무

『나노기술이 미래를 바꾼다』(편저), 김영사

『새로운 천년의 과학』(편저), 해나무

2004 『미래과학의 세계로 떠나보자』, 두산동아

『미래신문』, 김영사

『이인식의 과학나라』, 김영사

『세계를 바꾼 20가지 공학기술』(공저), 생각의나무

2005 『나는 멋진 로봇친구가 좋다』, 랜덤하우스중앙

『걸리버 지식 탐험기』, 랜덤하우스중앙

『새로운 인문주의자는 경계를 넘어라』(공저), 고즈윈

2006 『미래교양사전』, 갤리온

『걸리버 과학 탐험기』, 랜덤하우스중앙

2007 『유토피아 이야기』, 갤리온

2008 『이인식의 세계신화여행』(전 2권), 갤리온

『짝짓기의 심리학』, 고즈윈

『지식의 대융합』, 고즈윈

2009 『미래과학의 세계로 떠나보자』(개정판), 고즈윈

원작 만화

『만화 21세기 키워드』(전 3권), 홍승우 만화, 애니북스(2003~2005)

『미래과학의 세계로 떠나보자』(전 2권), 이정욱 만화, 애니북스(2005~2006)

『와! 로봇이다』(전 4권), 김제현 만화, 애니북스(2007~)